Liberación de la resurrección *y el* avivamiento
DE LOS
TRIBUNALES DEL CIELO

Liberación de la resurrección y el avivamiento
DE LOS TRIBUNALES DEL CIELO

Oraciones y declaraciones que reviven las cosas muertas

ROBERT HENDERSON

© Copyright 2022–Robert Henderson

Todos los derechos reservados. Este libro está protegido por las leyes de derechos de autor de los Estados Unidos de América. Este libro no puede ser copiado o reimpreso con fines comerciales o de lucro. Se permite y fomenta el uso de citas cortas o la copia ocasional de páginas para el estudio personal o en grupo. El permiso se concederá, si se solicita.

A menos que se identifique lo contrario, las citas de las Escrituras están tomadas de la Reina-Valera 1960 ® © Sociedades Bíblicas en América Latina, 1960.

Renovado © Sociedades Bíblicas Unidas, 1988. Utilizado con permiso. Todos los derechos reservados.

La cita bíblica indicada con «LBLA» es tomada de LA BIBLIA DE LAS AMERICAS © Copyright 1986, 1995, 1997 by The Lockman Foundation Usada con permiso.

El texto bíblico indicado con «NTV» ha sido tomado de la Santa Biblia, Nueva Traducción Viviente, © Tyndale House Foundation, 2010. Usado con permiso de Tyndale House Publishers, Inc., 351 Executive Dr., Carol Stream, IL 60188, Estados Unidos de América. Todos los derechos reservados.

Tenga en cuenta que el estilo editorial de Destiny Image pone en mayúsculas ciertos pronombres de las Escrituras que se refieren al Padre, al Hijo y al Espíritu Santo, y puede diferir del estilo de algunas editoriales. Tenga en cuenta que el nombre de satanás y los nombres relacionados no están en mayúsculas. Elegimos no reconocerlo, hasta el punto de violar las reglas gramaticales.

DESTINY IMAGE® PUBLISHERS, INC.
P.O. Box 310, Shippensburg, PA 17257-0310
«Promovemos vidas con inspiración».

Este libro y todos los demás libros de Destiny Image y Destiny Image Fiction están disponibles en librerías y distribuidores cristianos de todo el mundo.

Para más información sobre los distribuidores extranjeros, llame al +1-717-532-3040.

Póngase en contacto con nosotros en Internet: www.destinyimage.com.

ISBN 13 TP: 978-0-7684-6268-5

ISBN 13 eBook: 978-0-7684-6269-2

Para su distribución en todo el mundo.

1 2 3 4 5 6 7 8 / 26 25 24 23 22

CONTENIDO

Capítulo 1	El espíritu de la resurrección	7
Capítulo 2	Los tribunales del cielo, la resurrección y el avivamiento	17
Capítulo 3	La labor jurídica de Jesús	37
Capítulo 4	¿Quién es tu Dios?	47
Capítulo 5	La atmósfera lo es todo	67
Capítulo 6	Las lágrimas que hablan	83
Capítulo 7	Quitar la piedra	97
Capítulo 8	¿Pueden vivir estos huesos?	123
Capítulo 9	El poder del alineamiento	141
Capítulo 10	Sueños restaurados	155
Capítulo 11	Huesos de vida	171
Capítulo 12	Discernir el Cuerpo del Señor	185
Capítulo 13	De lo catastrófico a lo reconfortante	199
Capítulo 14	Pasión celestial	207
Capítulo 15	La resurrección de los santos	219

Capítulo 16   La resurrección del postrer día............229

Sobre Robert Henderson 239

Capítulo 1

EL ESPÍRITU DE LA RESURRECCIÓN

La mayoría de los líderes y personas que conozco creen que si no hemos entrado ya en un lugar de despertar y avivamiento, nos dirigimos hacia allá. Coincido vehementemente con esta apreciación. Con todos los retos a los que nos enfrentamos actualmente a nivel mundial, parecería que los corazones de la gente estarían ahora abiertos para que Dios se manifieste de formas sin precedente. Esto es lo que creo que vamos a ver. Al igual que lo ocurrido en Marcos 2.12, cuando los cuatro hombres abrieron un agujero en el techo para llevar a su amigo a la presencia de Jesús, éste se levantó y caminó desde su estado de parálisis. El resultado fue la declaración del pueblo.

> *Entonces él se levantó en seguida, y tomando su lecho, salió delante de todos, de manera que todos se asombraron, y glorificaron a Dios, diciendo: «Nunca hemos visto tal cosa!»*

La palabra *asombrarse* en esta escritura es la palabra griega *existemi*. Significa *poner fuera de sí*. Estas personas estaban atónitas ante lo que estaban presenciando. Estaban totalmente asombrados por el despliegue de poder que estaba presente en Jesús. La declaración que surgió de este lugar de asombro fue: «*Nunca hemos visto tal cosa*». Hacia allí nos dirigimos como iglesia y en nuestra cultura. Viene un movimiento de Dios del tipo que no se ha visto. Captará la atención de las masas como nunca antes. Será una demostración del poder de resurrección de Dios que está dando a luz a este avivamiento anunciado.

Cuando hablamos de avivamiento, es imposible tenerlo sin el poder de resurrección del Señor. De hecho, yo diría que el avivamiento es el poder de la resurrección de Dios puesto de manifiesto. Por supuesto, la resurrección es cuando se trae algo que ha estado muerto a la vida nuevamente. La propia idea conlleva que el dolor asociado a la pérdida se elimina maravillosamente. Comenzamos a vivir Isaías 61.3.

> *A ordenar que a los afligidos de Sion se les dé gloria en lugar de ceniza, óleo de gozo en lugar de luto, manto de alegría en lugar del espíritu angustiado; y serán llamados árboles de justicia, plantío de Jehová, para gloria suya.*

Esto es un testimonio de un lugar de dolor que se convierte en un lugar de gloria. Es una sustitución de la pena y el dolor por la celebración y la alabanza. Este es el resultado de la vida y el poder de la resurrección.

A menudo he pensado en lo que debió ser cuando María y Marta se consumieron de dolor por la pérdida de Lázaro. Su querido hermano estaba ahora en la tumba y todo había cambiado. Se les impuso una nueva normalidad. Entonces, apareció Jesús y se manifestó el poder de resurrección del Señor. Lázaro fue sacado de la tumba y devuelto a la vida. Ocurrió lo impensable. Lo que parecía perdido para siempre fue restaurado al instante por el poder de Dios.

¿Te imaginas la euforia y la alegría absoluta que debió estallar en el corazón de María y Marta? Es inimaginable. Sin embargo, esto es lo que la gloria de la resurrección de Dios puede hacer. Creo que volveremos a ver este tipo de poder. Jesús fue claro y tajante al afirmar que este tipo de milagros estarían presentes al caminar con Sus discípulos. Juan 14.12 muestra a Jesús prometiendo que las obras más grandes serían la porción de aquellos que eran Suyos.

> *De cierto, de cierto os digo: El que en mí cree, las obras que yo hago, él las hará también; y aun mayores hará, porque yo voy al Padre.*

El hecho de que Jesús fuera al Padre era una referencia a la venida del Espíritu Santo con su empoderamiento. Cuando Jesús fue al Padre, se le dio el Espíritu Santo para que lo derramara sobre nosotros. Esto es según Hechos 2.33.

Así que, exaltado por la diestra de Dios, y habiendo recibido del Padre la promesa del Espíritu Santo, ha derramado esto que vosotros veis y oís.

La venida del Espíritu Santo en el día de Pentecostés fue la señal de que Jesús había tomado su lugar a la derecha de Dios. Ahora se encontraba colocado en su postura exaltada como Señor de todo. El Espíritu Santo fue enviado ahora a nosotros porque todo lo que tenía que hacerse por la ley para que el Espíritu Santo residiera en nosotros, con nosotros y en nosotros se cumplió. Hasta ese momento, el Espíritu Santo no podía residir en nosotros. El trabajo necesario de limpieza que lo permitiría no se había realizado. El poder de resurrección del Espíritu Santo que vive en nosotros como creyentes requiere que seamos recipientes purificados por la sangre de Jesús. Podemos ver que esta es la purificación ceremonial que se requería para proclamar a los leprosos libres de lepra. Levítico 14.14–17 muestra el ritual seguido para declarar libre de lepra a quien fue un leproso. La lepra se considera una tipología del pecado. Por eso, quien tenía esta temida enfermedad tenía que gritar: «¡Impuro, impuro!» si alguien se acercaba a él. Esta era una declaración de impureza y contaminación que se veían obligados a confesar.

> *Y el sacerdote tomará de la sangre de la víctima por la culpa, y la pondrá el sacerdote sobre el lóbulo de la oreja derecha del que se purifica, sobre el pulgar de su mano derecha y sobre el pulgar de su pie derecho. Asimismo el sacerdote tomará del log de aceite, y lo echará sobre la palma de su mano izquierda, y mojará su dedo derecho en el aceite que tiene en su mano izquierda, y esparcirá del aceite con su dedo siete veces delante de Jehová. Y de lo que quedare del aceite que tiene en su mano, pondrá el sacerdote sobre el lóbulo de la oreja derecha del que se purifica, sobre el pulgar de su mano derecha y sobre el pulgar de su pie derecho, encima de la sangre del sacrificio por la culpa.*

Obsérvese que el sacerdote que dio testimonio del hecho de la purificación del leproso aplicó primero la sangre y luego el aceite. Esta es una imagen profética de cómo somos purificados y del empoderamiento que debemos recibir. Primero se aplica la sangre que nos purifica. La sangre nos compra y nos purifica. Colosenses 1.14 nos hace saber claramente que la sangre es lo que garantiza nuestro perdón.

> *En quien tenemos redención por su sangre, el perdón de pecados.*

1 Pedro 1.18–19 dice que hemos sido redimidos de todo lo que podría reclamar ser dueños nuestros. La sangre de Jesús nos ha reclamado como suyos.

> *Sabiendo que fuisteis rescatados de vuestra vana manera de vivir, la cual recibisteis de vuestros padres, no con cosas corruptibles, como oro o plata, sino con la sangre preciosa de Cristo, como de un cordero sin mancha y sin contaminación.*

La sangre del Cordero, Jesús, nos ha comprado y limpiado legalmente de toda injusticia y pecado. Ya no pertenecemos a los poderes de las tinieblas, sino que ahora somos posesión del Señor. Fíjate que cuando se eliminan las impurezas y sus pretensiones legales, también se aplica el aceite. El sacerdote colocaba el aceite sobre la sangre previamente aplicada. Este acto profético fue una declaración espiritual. Proclamaba que *el Espíritu solo puede ungir lo que la sangre ha limpiado.* Lo que el espíritu unge debe ser purificado primero por la sangre. Por eso se nos dice en el Nuevo Testamento que estamos sellados por el Espíritu Santo. Efesios 1.13 nos dice que después de haber creído, que sería el momento y la hora en que la sangre nos limpió, el Espíritu Santo nos sella entonces.

> *En él también vosotros, habiendo oído la palabra de verdad, el evangelio de vuestra salvación, y habiendo creído en él, fuisteis sellados con el Espíritu Santo de la promesa,*

El Espíritu Santo de la promesa, o lo que el Padre garantizaba a los que eran suyos, nos unge. La palabra *sellada* en el griego es *sphragizo*. Significa *sellar para la conservación y/o la seguridad*. El Espíritu Santo está asignado para proteger y guardar todo lo que la sangre ha comprado. La unción de su presencia viene sobre todos y cada uno de los que le pertenecen por el poder adquisitivo de la sangre de Jesús. También podemos ver esta idea en Éxodo 30.30–33, que nos da una idea del aceite de la unción que se elaboró siguiendo las instrucciones de Dios.

> *Ungirás también a Aarón y a sus hijos, y los consagrarás para que sean mis sacerdotes. Y hablarás a los hijos de Israel, diciendo: «Este será mi aceite de la santa unción por vuestras generaciones. Sobre carne de hombre no será derramado, ni haréis otro semejante, conforme a su composición; santo es, y por santo lo tendréis vosotros. Cualquiera que compusiere ungüento semejante, y que pusiere de él sobre extraño, será cortado de entre su pueblo».*

Había varios mandatos asociados a la aplicación del aceite de la unción. Nótese, sin embargo, que el aceite de la unción tenía prohibido ser colocado sobre una *persona ajena*. Esto significaba que nadie fuera del pacto podía ser ungido. Esto es porque el aceite de la unción era sólo para aquellos dentro del pacto que habían sido comprados, adquiridos y limpiados por la sangre. Cualquiera que realmente pertenezca a Jesús tendrá la unción de Dios en su vida. Si no hay unción, entonces debe haber una investigación para ver si uno realmente pertenece al Señor o no. Quien sea suyo será sellado con el Espíritu Santo de la promesa.

Lo último que quiero mencionar aquí es que la sangre y el aceite se colocaron en la oreja derecha, el pulgar derecho y el dedo gordo del pie derecho del que antes era leproso. El significado de esto es que somos purificados y habilitados para escuchar, trabajar y caminar. La oreja habla de nuestra audición en el ámbito espiritual. El pulgar habla de nuestro empoderamiento para trabajar y ministrar como debemos. El dedo gordo del pie habla de nuestro camino de pureza y santidad ante el Señor. La limpieza de la sangre y el empoderamiento resultante del Espíritu Santo nos permiten funcionar en este reino de poder resucitado. Romanos 1.3-4 llama al Espíritu Santo el *espíritu de santidad*.

> *Acerca de su Hijo, nuestro Señor Jesucristo, que era del linaje de David según la carne, que fue declarado Hijo de Dios con poder, según el Espíritu de santidad, por la resurrección de entre los muertos.*

Jesús fue declarado Hijo de Dios a través del Espíritu Santo por la resurrección de los muertos. Su resurrección dio testimonio de quién es Él realmente. Esta resurrección ocurrió por el poder del Espíritu Santo que habitaba con Él y en Él. Se nos dice en Romanos 8.11 que si este Espíritu mora en nosotros, también podemos y vamos a experimentar esta vida de resurrección.

Y si el Espíritu de aquel que levantó de los muertos a Jesús mora en vosotros, el que levantó de los muertos a Cristo Jesús vivificará también vuestros cuerpos mortales por su Espíritu que mora en vosotros.

Este Espíritu Santo nos capacitará para experimentar y movernos en el poder de Su resurrección. Veremos que esto ocurrirá a medida que hagamos espacio para Él. Lo que la sangre ha limpiado legalmente, el Espíritu Santo ha venido ahora a ungirlo y darle poder. Somos llamados y comisionados a ser aquellos que funcionan en el poder de la resurrección a través del Espíritu Santo de Dios. Con esta unción de poder y resurrección, podemos ver que se traen cosas que de otro modo serían inmutables a la vida nuevamente. Podemos ver lo que parece ser definitivo y el destino de las personas revertido y se les devuelve la vida. Esto se debe a que servimos a un Dios de resurrección. El trabajo legal de Jesús en la cruz permite el empoderamiento del Espíritu de Dios para traer este poder de resurrección. ¡Recibámoslo y empecemos a manifestar la gloria de quien es Jesús!

Al acercarme a los Tribunales del Cielo, Señor, te pido que tu poder de resurrección traiga tu obra revivificadora. Quisiera recordar a este

Tribunal que, cuando Jesús murió en la cruz, se cumplieron todas las cosas legales necesarias para experimentar la resurrección y el avivamiento. Pido que la unción de tu presencia venga ahora a renovar, restaurar y redimir todas las cosas en mí para tus propósitos. Desde tus Tribunales, Señor, permita un nuevo empoderamiento de tu Espíritu Santo para manifestar el mismo poder que resucitó a Jesús de entre los muertos. En el nombre de Jesús, ¡amén!

Capítulo 2

LOS TRIBUNALES DEL CIELO, LA RESURRECCIÓN Y EL AVIVAMIENTO

A menudo, parece que nos quedamos cortos acerca de la gloria de Dios y de su vida de resurrección. Parece que vivimos la vida al margen de la fuerza y el poder de esta fuerza revivificadora que claramente ha de ser nuestra. Sin embargo, como creyentes del Nuevo Testamento, se nos promete este poder y esta gloria. En Juan 11.25–26, mientras Jesús se preparaba para resucitar a Lázaro de entre los muertos, hizo una declaración monumental. Declaró que quien crea en Él, tendrá vida de resurrección.

> *Le dijo Jesús: «Yo soy la resurrección y la vida; el que cree en mí, aunque esté muerto, vivirá. Y todo aquel que vive y cree en mí, no morirá eternamente. ¿Crees esto?»*

Qué declaración. Si tomamos esto al pie de la letra, lo cual debemos hacer si somos sus discípulos y vivimos por Él, no moriremos. No se trata de una muerte física. Esto se refiere al hecho de que como creyentes debemos tener Su vida abundante pulsando en nosotros. Incluso ante la muerte física, viviremos. Cuando tenemos a Jesús, tenemos vida. 1 Juan 5.11–12 muestra que Jesús mismo es esta vida.

> Y este es el testimonio: que Dios nos ha dado vida eterna; y esta vida está en su Hijo. El que tiene al Hijo, tiene la vida; el que no tiene al Hijo de Dios no tiene la vida.

La forma de experimentar la vida de resurrección de Jesús es teniéndolo como Hijo de Dios. Es imposible no tener la vida de Dios cuando se tiene al Hijo. La vida de resurrección no es el resultado de trucos o fórmulas. La vida de resurrección proviene de una relación viva con Jesús. Es interesante que la escritura utilice la palabra *testimonio* para aclarar quién tiene vida y quién no la tiene. Se trata de la palabra griega *marturia*, y significa *prueba judicial aportada*. Esto significaría que en un Tribunal, quien tiene al Hijo sería considerado como alguien que tiene vida. La vida eterna en el presente y en las eternidades venideras será establecida judicialmente por quién tiene o no tiene al Hijo. Si caminamos en una relación viva con Jesús, tenemos vida ahora y también en la vida futura. Hemos pasado de la muerte a la vida, gracias a nuestra conexión y unión con Jesús. Juan 5.24 verifica esta realidad.

> *De cierto, de cierto os digo: El que oye mi palabra, y cree al que me envió, tiene vida eterna; y no vendrá a condenación, mas ha pasado de muerte a vida.*

Cuando creemos en Jesús y en el que lo envió, que es Dios Padre, escapamos del juicio y pasamos a la vida. La palabra *pasada* es la palabra griega *metabaino*. Significa *cambiar de lugar*. Cuando aceptamos a Jesús como el Hijo y nuestro Redentor, cambiamos de lugar en el reino espiritual. Pasamos de un lugar de condena y juicio a un lugar de redención y vida. No se trata sólo de una transición legal, sino que el Espíritu Santo hace que esto sea una realidad viva en nuestras vidas. Pidamos esto al Tribunal del Cielo.

> Señor, al presentarme ante Tus Tribunales por fe, pido que todo por lo que el Hijo ha muerto para que yo lo tenga, sea mío. Pido que la obra legal de Jesús por mí en la cruz se haga ahora realidad en mi vida. Declaro ante este Tribunal que he pasado de la muerte y la condena a la redención y la vida. Que conste que así como tengo al Hijo, tengo la vida ahora y también por toda la eternidad. Que se sepa ante este Tribunal que Jesús es mi Salvador y mi Señor. En el nombre de Jesús, amén.

Cuando hablamos de tener una vida que es el resultado de tener a Jesús como Hijo viviendo en nosotros, deberíamos estar reflejando la vida abundante de Jesús. Juan 10.10 nos dice que Jesús vino para que tengamos vida y la tengamos en abundancia.

> *El ladrón no viene sino para hurtar y matar y destruir; yo he venido para que tengan vida, y para que la tengan en abundancia.*

Aunque el propósito, el deseo y la intención de Jesús es que tengamos vida, el diablo, como el ladrón, desea destruirlo todo. El Señor quiere reemplazar toda cosa destructiva con Su vida y poder en nuestras vidas. Cuando tenemos la vida de Dios, somos victoriosos, abundantes, saludables, prósperos y vivimos en armonía con Dios y con los demás. Cada promesa hecha a nosotros a través de Jesús y su trabajo por nosotros en la cruz debe convertirse progresivamente en nuestra. Si esto es cierto, entonces ¿por qué muchos ven más la obra devoradora de satanás que la vida de resurrección de Jesús? ¿Por qué el ladrón está siendo tan eficaz contra tanta gente?

La respuesta se encuentra en los derechos legales que satanás ha reclamado contra nosotros. Si vamos a tratar con estos derechos legales, debemos entrar en los Tribunales del Cielo y ver revocada la voz de acusación de satanás contra nosotros. La vida de resurrección y el avivamiento vendrán a expensas de operar en los

Tribunales del Cielo. El retraso del avivamiento a través del poder de resurrección de Dios no es que Dios lo retenga. Es la resistencia del diablo basada en reclamaciones legales contra nosotros. Una vez que estas reclamaciones legales sean respondidas y eliminadas, se manifestará el poder de avivamiento y resurrección por el que clamamos. Satanás realmente tiene casos contra la iglesia que están deteniendo la liberación apasionada de Dios en forma de avivamiento.

Comprender los Tribunales del Cielo es fundamental para lo que estoy describiendo. Daniel 7.9–10 es la imagen más clara que tenemos en las Escrituras de los Tribunales del Cielo. Aunque podemos ver estos Tribunales en otros lugares de la Escritura, aquí son los más evidentes.

> *Estuve mirando hasta que fueron puestos tronos, y se sentó un Anciano de días, cuyo vestido era blanco como la nieve, y el pelo de su cabeza como lana limpia; su trono llama de fuego, y las ruedas del mismo, fuego ardiente. Un río de fuego procedía y salía de delante de él; millares de millares le servían, y millones de millones asistían delante de él; el Juez se sentó, y los libros fueron abiertos.*

Daniel, como vidente —es decir, como alguien que tenía la capacidad de ver en el mundo invisible— fue testigo de la escena de un Tribunal en el cielo. Vio a Dios como el Anciano de Días, sentado en su trono de juicio.

Vio mucha más actividad asociada a este sistema judicial celestial. Baste decir aquí que vio al Tribunal del Cielo, sentado y listo para escuchar los casos presentados. En Lucas 18.1–8, Jesús situó la oración también en un ámbito judicial. Habló de un juez injusto que se niega a emitir un veredicto justo para una viuda.

> *También les refirió Jesús una parábola sobre la necesidad de orar siempre, y no desmayar, diciendo: «Había en una ciudad un juez, que ni temía a Dios, ni respetaba a hombre. Había también en aquella ciudad una viuda, la cual venía a él, diciendo: "Hazme justicia de mi adversario". Y él no quiso por algún tiempo; pero después de esto dijo dentro de sí: "Aunque ni temo a Dios, ni tengo respeto a hombre, sin embargo, porque esta viuda me es molesta, le haré justicia, no sea que viniendo de continuo, me agote la paciencia".»*
>
> *Y dijo el Señor: «Oíd lo que dijo el juez injusto. ¿Y acaso Dios no hará justicia a sus escogidos, que claman a él día y noche? ¿Se tardará en responderles? Os digo que pronto les hará justicia. Pero cuando venga el Hijo del Hombre, ¿hallará fe en la tierra?»*

Esta viuda, a través de una presentación persistente de su caso, vio cómo este sistema judicial pusiera en orden una decisión para que su adversario dejara de perjudicarla y obstaculizarla. Como he dicho en mis libros anteriores sobre el Tribunal del Cielo, Jesús no está diciendo que Dios es un juez injusto al que tenemos que convencer. Su punto es que, si esta viuda puede obtener un veredicto de un juez injusto, cuánto más podemos presentarnos ante Dios como juez de todos y verle emitir veredictos justos a nuestro favor. Jesús puso la oración en los Tribunales del Cielo que Daniel tan gloriosamente vio generaciones antes.

Este Tribunal sigue activo en la actualidad. Al igual que con otros lugares en el reino del Espíritu que podemos pisar, tenemos acceso a este lugar por la sangre de Jesús. Hebreos 10.19–22 nos anima a ocupar el lugar que nos ha sido concedido por Su sangre.

> *Así que, hermanos, teniendo libertad para entrar en el Lugar Santísimo por la sangre de Jesucristo, por el camino nuevo y vivo que él nos abrió a través del velo, esto es, de su carne, y teniendo un gran sacerdote sobre la casa de Dios, acerquémonos con corazón sincero, en plena certidumbre de fe, purificados los corazones de mala conciencia, y lavados los cuerpos con agua pura.*

El Lugar Santísimo habla del lugar más interior del santuario o templo o tabernáculo que erigió Moisés. El sumo sacerdote, una vez al año, podía entrar en este lugar para presentar la sangre del cordero pascual para la redención de una nación. Esto era una imagen de lo que

Jesús haría por nosotros con su propia sangre. La sangre de esos corderos, toros y cabras solo era suficiente para limpiar legalmente a la nación y al pueblo durante un año. Hebreos 10.1-14 muestra que la ofrenda del sacerdocio levítico era sólo una solución temporal para el pecado del hombre. Estas ofrendas fueron diseñadas para ser una imagen profética de lo que iba a venir, pero también para mantener el juicio de Dios fuera de una nación hasta que la plenitud de la ofrenda de Jesús pudiera verse.

Porque la ley, teniendo la sombra de los bienes venideros, no la imagen misma de las cosas, nunca puede, por los mismos sacrificios que se ofrecen continuamente cada año, hacer perfectos a los que se acercan. De otra manera cesarían de ofrecerse, pues los que tributan este culto, limpios una vez, no tendrían ya más conciencia de pecado. Pero en estos sacrificios cada año se hace memoria de los pecados; porque la sangre de los toros y de los machos cabríos no puede quitar los pecados.

Por lo cual, entrando en el mundo dice:

«Sacrificio y ofrenda no quisiste;

Mas me preparaste cuerpo.

Holocaustos y expiaciones por el pecado

no te agradaron.

Entonces dije: "He aquí que vengo,

oh Dios, para hacer tu voluntad,

Como en el rollo del libro está escrito de mí".»

Diciendo primero: «Sacrificio y ofrenda y holocaustos y expiaciones por el pecado no quisiste, ni te agradaron» (las cuales cosas se ofrecen según la ley), y diciendo luego: «He aquí que vengo, oh Dios, para hacer tu voluntad»; quita lo primero, para establecer esto último. En esa voluntad somos santificados mediante la ofrenda del cuerpo de Jesucristo hecha una vez para siempre.

Y ciertamente todo sacerdote está día tras día ministrando y ofreciendo muchas veces los mismos sacrificios, que nunca pueden quitar los pecados; pero Cristo, habiendo ofrecido una vez para siempre un solo sacrificio por los pecados, se ha sentado a la diestra de Dios, de ahí en adelante esperando hasta que sus enemigos sean puestos por estrado de sus pies; porque con una sola ofrenda hizo perfectos para siempre a los santificados.

Cuando Jesús murió en la cruz, llevó su propia sangre al Lugar Santísimo y la ofreció allí, todo lo que se necesitaba ya estaba hecho. No se requiere otro sacrificio para nuestro perdón, redención y justificación. Estamos completos en Jesús como nuestra expiación perfecta, en respuesta a todas nuestras necesidades. Jesús, como nuestro Sumo Sacerdote, no entra una vez al año para proporcionar esta expiación. Él está perpetuamente ante el Señor en nuestro nombre como nuestro Intercesor. Esta es una de sus funciones como nuestro Sumo Sacerdote. Hebreos 7.25 nos dice que esta intercesión es para que seamos salvados *perpetuamente*.

> *Por lo cual puede también salvar perpetuamente a los que por él se acercan a Dios, viviendo siempre para interceder por ellos.*

Jesús, desde este lugar en el que está funcionando ahora, está orando para que se haga realidad todo por lo que murió para que nosotros lo tengamos. Esto significa que Él está buscando movernos hacia una expresión y experiencia completa en Su resurrección y poder de avivamiento. Su deseo es que tengamos vida y la tengamos en abundancia. Esto es realmente de lo que se trata el Tribunal del Cielo. Estoy tratando de obtener el beneficio completo de todo por lo que Jesús murió para que yo tuviera. Sabemos que aunque Jesús ha despojado a satanás de sus derechos legales, todavía intenta utilizarlos contra nosotros. Pedro en 1 Pedro 5.8 nos dice que satanás está operando como nuestro oponente legal todavía.

> *Sed sobrios, y velad; porque vuestro adversario el diablo, como león rugiente, anda alrededor buscando a quien devorar.*

La palabra *adversario* es la palabra griega *antidikos*. Esta palabra significa un *oponente legal*. Viene de dos palabras, *anti* y *dikos*. Anti significa *en contra o en lugar de*. Dikos significa *derechos*. Por tanto, el propósito del diablo como nuestro oponente legal es negarnos lo que es legítimamente nuestro. La sanación, el triunfo, la prosperidad, el orden familiar y todos los demás beneficios de la salvación nos pertenecen a través del pacto con Jesús. Sin embargo, el diablo está construyendo casos contra nosotros como nuestro adversario/*antidikos*para negarnos lo que es nuestro. Esto significa que debemos ir a los Tribunales del Cielo y presentar casos basados en lo que Jesús ha hecho por nosotros. Cuando hacemos esto, obtenemos el beneficio completo de todo por lo que Jesús ha muerto para que lo tengamos. Ahora no son solo principios, sino que realmente poseemos lo que es nuestro, gracias a Jesús y su sangre. En realidad, obtenemos el efecto completo de haber pasado de la muerte a la vida. Obtenemos el efecto completo de tener una vida abundante. Obtenemos el efecto completo del poder de la resurrección fluyendo en nosotros. Obtenemos todo el efecto de su fuerza revivificadora. Esto se debe a que cualquier caso que el diablo esté estableciendo para obstaculizar y negar estas realidades es eliminado de los Tribunales del Cielo.

Silenciar las voces es una de las cosas principales para conseguir que las decisiones de los Tribunales del Cielo sean puestas en orden. Isaías 54.17 se refiere a esas voces que pueden hacer causa contra nosotros.

> «*Ninguna arma forjada contra ti prosperará, y condenarás toda lengua que se levante contra ti en juicio.*

Esta es la herencia de los siervos de Jehová, y su salvación de mí vendrá», dijo Jehová.

Se nos dice con confianza que «ninguna arma» prosperará que pueda ser formada contra nosotros. El arma puede ser una maldición que se traduce en enfermedad, pobreza, destrucción o limitaciones y restricciones en nuestras vidas. Puede ser la devastación familiar o cualquier otra cosa negativa que altere la vida y que busque tocarnos. Sin embargo, fíjate en que la solución a cualquier «arma» contra nosotros es condenar o silenciar la «lengua» que se levanta en juicio. Por lo tanto, vemos que lo que realmente tenemos que tratar es la «lengua» o «voz» que está permitiendo que el arma funcione. A menudo intentamos detener la fuerza destructiva del arma. Sin embargo, si podemos silenciar la lengua y la voz en el mundo espiritual, ¡el arma dejará de funcionar!

Estoy convencido de que todo lo que combatimos que está en contra de nosotros es impulsado por una voz o una lengua que hace un caso contra nosotros en el reino invisible. Esto es lo que le ocurrió a Job. Job pasó por una tragedia y un trauma terrible en su vida. Desde el punto de vista natural, habría parecido que las cosas le ocurrían sin más. Sin embargo, sabemos al ver la actividad entre bastidores que fue la voz de satanás contra él la que produjo esto. Job 1.8–12 lo revela.

> Y Jehová dijo a satanás: «¿No has considerado a mi siervo Job, que no hay otro como él en la tierra, varón perfecto y recto, temeroso de Dios y apartado del mal?»
>
> Respondiendo satanás a Jehová, dijo: «¿Acaso teme Job a Dios de balde? ¿No le has cercado alrededor a él y a su casa y a todo lo que tiene? Al trabajo de sus manos has dado bendición; por tanto, sus bienes han aumentado sobre la tierra. Pero extiende ahora tu mano y toca todo lo que tiene, y verás si no blasfema contra ti en tu misma presencia.»
>
> Dijo Jehová a satanás: «He aquí, todo lo que tiene está en tu mano; solamente no pongas tu mano sobre él».
>
> Y salió satanás de delante de Jehová.

Sabemos que la destrucción comenzó a golpear la casa de Job, debido a la voz del diablo contra él. El diálogo entre Dios y satanás en el reino invisible es lo que precipitó e incluso causó esta destrucción. Esto lo vemos más tarde también en Job 2.3–7 cuando satanás, de nuevo, a través de la acusación, trae palabras contra Job.

> Y Jehová dijo a satanás: ¿No has considerado a mi siervo Job, que no hay otro como él en la tierra, varón perfecto y recto, temeroso de Dios y apartado del mal, y que todavía retiene su integridad, aun cuando

tú me incitaste contra él para que lo arruinara sin causa?»

Respondiendo satanás, dijo a Jehová: «Piel por piel, todo lo que el hombre tiene dará por su vida. Pero extiende ahora tu mano, y toca su hueso y su carne, y verás si no blasfema contra ti en tu misma presencia».

Y Jehová dijo a satanás: «He aquí, él está en tu mano; mas guarda su vida».

Entonces salió Satanás de la presencia de Jehová, e hirió a Job con una sarna maligna desde la planta del pie hasta la coronilla de la cabeza.

La primera palabra contra Job causó una gran devastación que afectó a su riqueza y a su familia. La segunda palabra contra él hizo que la enfermedad y la dolencia vinieran sobre el propio Job. Sin embargo, mi punto principal es que las «armas» que funcionaban contra Job eran el resultado de las acusaciones que se hacían contra él. Estoy seguro de que Job desconocía por completo la causa de sus tragedias. Sin embargo, fue la voz contra él en el mundo invisible la que lo provocó.

Si podemos ser conscientes de estas voces y detener estas voces de acusación, ¡podemos detener las armas! Por cierto, la palabra *juicio* en Isaías 54.17 es la palabra hebrea *mishpat*. Significa un *veredicto pronunciado judicialmente*. Esto significa que las voces o las lenguas contra nosotros pueden dar lugar a veredictos o sentencias que caigan sobre nosotros. Esto es exactamente lo que le ocurrió a Job. Se dictó una sentencia sobre Job a causa de las voces en el mundo invisible contra él. Para detener la sentencia que podríamos estar viviendo y experimentar en su lugar la vida y el poder de la resurrección, debemos silenciar estas voces. Apocalipsis 12.10–11 nos dice algo del proceso de hacer esto, desde la perspectiva del Tribunal del Cielo.

> *Entonces oí una gran voz en el cielo, que decía: Ahora ha venido la salvación, el poder, y el reino de nuestro Dios, y la autoridad de su Cristo; porque ha sido lanzado fuera el acusador de nuestros hermanos, el que los acusaba delante de nuestro Dios día y noche. Y ellos le han vencido por medio de la sangre del Cordero y de la palabra del testimonio de ellos, y menospreciaron sus vidas hasta la muerte.*

La palabra *acusador* es la palabra griega *kategoros*. Significa *contra uno en la asamblea, un demandante en la ley*. Por lo tanto, el acusador de los hermanos no es alguien que habla mal contra ti en el mundo natural. Es algo en el reino de los espíritus haciendo un caso contra ti en los Tribunales del Cielo. Son voces que deben ser silenciadas. Acallamos estas voces con la sangre del Cordero, la palabra de nuestro testimonio y menospreciando nuestras vidas hasta la muerte. Estas tres funciones en los Tribunales del Cielo harán que las voces contra nosotros sean condenadas y no puedan fabricar armas contra nosotros. La sangre del

Cordero es lo que usamos para rechazar cualquier cosa que reclame un derecho legal contra nosotros. Hebreos 12.24 nos dice que la sangre de Jesús, la sangre de la aspersión, habla por nosotros.

> *A Jesús el Mediador del nuevo pacto, y a la sangre rociada que habla mejor que la de Abel.*

Tenemos que arrepentirnos y ponernos de acuerdo con lo que esta sangre dice para nosotros. La sangre de Abel clamó por un juicio contra Caín (véase Génesis. 4.9). Sin embargo, la sangre de Jesús clama por misericordia, perdón y redención para nosotros. Esta sangre que habla ante los Tribunales del Cielo concede a Dios el derecho legal de redimirnos de toda cosa destructiva que hable contra nosotros. Esta sangre que habla por nosotros anula las voces en contra de nosotros, en el reino de los espíritus cuando la aceptamos y estamos de acuerdo con ella. Sin embargo, lo único que quisiera mencionar es que debemos arrepentirnos. El arrepentimiento es esencial para beneficiarse de la voz de la sangre. 1 Juan 1.7 nos dice que debemos salir de las tinieblas y entrar en la luz para ser purificados por la sangre del Cordero.

> *Pero si andamos en luz, como él está en luz, tenemos comunión unos con otros, y la sangre de Jesucristo su Hijo nos limpia de todo pecado.*

Caminar en la luz no significa vivir sin pecado. Significa vivir honestamente. En otras palabras, estamos sacando las cosas de la oscuridad y el encubrimiento, arrepintiéndonos y pidiendo perdón. Esto es caminar en la luz como Él está en la luz. Cuando hacemos esto, la sangre habla por nosotros y borra las voces en contra. Aquí hay una oración que podemos usar para esto:

> Señor, al presentarme ante Ti en Tus Tribunales, salgo de las tinieblas y entro en la luz. Reconozco mi pecado ante Ti. Contra ti y solo contra ti he pecado. Te pido, Señor, que tu sangre hable por mí ahora mismo. Que tu sangre silencie toda voz que hable contra mí y que aproveche la oportunidad por mi pecado. Pido que estas voces sean silenciadas y que Tu sangre me libre de su deseada destrucción contra mí. En el nombre de Jesús, amén.

Otra cosa que utilizamos en los Tribunales es la *palabra de nuestro testimonio*. Así como la sangre habla y desecha los casos contra nosotros, la palabra de nuestro testimonio presenta casos a nuestro favor. En cualquier sistema judicial real, no solo necesitamos que se desestimen los casos y las voces en contra, sino también que se presenten casos a favor. La palabra de nuestro testimonio lo consigue. Por eso se nos dice en Isaías 43.26 que hagamos a Dios recordar.

> *Hazme recordar, entremos en juicio [contendemos] juntamente; habla tú para justificarte.*

Hacemos a Dios recordar por la palabra de nuestro testimonio. Le decimos a Dios lo que ha prometido, lo que está escrito en los libros del cielo sobre nosotros y lo que Jesús ha hecho por nosotros legalmente. Por todos estos medios, llevamos la palabra de nuestro testimonio ante el Señor en Sus Tribunales. El resultado es que somos absueltos o justificados de cualquier cosa condenatoria. Estamos presentando pruebas ante Él sobre nuestro destino, futuro y triunfos. El resultado será el derecho otorgado por Dios a tomar decisiones de su Tribunal a nuestro favor. He aquí una oración diseñada para ayudar en este proceso:

> Al presentarme ante Tus Tribunales, Señor, gracias por todos y cada uno de los casos contra mí que Tu sangre ha silenciado. Ahora presento un caso en mi nombre como la palabra de mi testimonio. Te recuerdo lo que escribiste en mi libro antes de que empezara el tiempo. Te pido, Señor, que mi destino profético se cumpla. Señor, permite que se vea y se manifieste todo lo que me corresponde de ti. En el nombre de Jesús, amén.

Al presentar tu palabra de testimonio, sé tan específico como puedas con la revelación que has recibido del Señor.

Lo que Él te ha mostrado respecto a tu destino y futuro, pídeselo a Él. Esto es parte de la presentación de tu caso ante Sus tribunales.

La última cosa de la que se habla es la entrega de nuestras vidas. Las Escrituras dicen que aquellos que superaron los efectos del acusador y su voz, no amaron sus vidas hasta la muerte. Esto significa que no había ningún sacrificio demasiado grande que no estuvieran dispuestos a hacer por el reino y el propósito de Dios. Es la entrega de nuestras vidas lo que nos otorga tremendos puestos de autoridad en los Tribunales del Cielo. Cuando decimos Sí al Señor y elegimos su voluntad y su camino por encima de nuestro propio deseo, queda registrado en el cielo. Quien lo haga, tendrá un estatus en el cielo desde el que funcionará. La Biblia nos dice en Hebreos 11.39 que las personas de fe que hicieron grandes sacrificios tienen un buen informe o testimonio en el cielo.

> *Y todos éstos, aunque alcanzaron buen testimonio mediante la fe, no recibieron lo prometido.*

Aunque no obtuvieron la plenitud de la promesa mientras estaban vivos en la tierra, sí obtuvieron un buen testimonio o testigo sobre ellos en el cielo. Esto significa que llevan una autoridad ante el Señor y sus Tribunales. Esto les permite solicitar al Tribunal para sí mismos y para otros con gran eficacia. Cuanto más permitamos que el Espíritu Santo nos reclame para los propósitos de Dios, mayor será nuestro ámbito de influencia en el reino celestial. No es necesario morir para tener esta influencia. Puedes tenerla ahora, al entrar y funcionar en los Tribunales. Puedes suplicar a los Tribunales que fluya la vida de la resurrección y que se conozca su poder revivificador. Aquí hay una oración adicional para pedir esto ante Dios:

> Al acercarme a Tus Tribunales, Señor, te pido que pueda entregar mi vida de acuerdo con Tu voluntad. Señor, permíteme el privilegio de someter mi vida a ti, para que se cumpla Tu voluntad. Desde este lugar de rendición, que mis palabras tengan autoridad y peso en Tus Tribunales. Gracias, Señor, por escucharme y responder a mi clamor. Que yo sea parte de la oración para hacer realidad Tu deseo y Tu pasión en la tierra. En el nombre de Jesús, amén.

CAPÍTULO 3

LA LABOR JURÍDICA DE JESÚS

Si vamos a operar en el poder de la resurrección desde los Tribunales del Cielo, debemos entender la relevancia legal de las actividades de Jesús en nuestro nombre. Esto incluye su muerte, su sepultura, su resurrección y su ascensión. Debemos saber tomar lo que Él ha hecho legalmente y presentarlo como evidencia en la Corte del Cielo para que hable por nosotros. Una de las mayores alegrías de mi corazón es presentar evidencias en los Tribunales del Cielo basadas en la obra expiatoria de Jesús. Todo lo que se hizo con respecto a estas cosas fue de naturaleza legal. Por medio de su muerte, juzgó legalmente el pecado, la enfermedad, la pobreza, la dolencia y cualquier otra cosa en contra de nosotros. Recuerda que Romanos 8.3 nos dice que Jesús condenó el pecado en la carne.

Porque lo que era imposible para la ley, por cuanto era débil por la carne, Dios, enviando a su Hijo en semejanza de carne de pecado y a causa del pecado, condenó al pecado en la carne.

La palabra *condenado* es la palabra griega *katakrino*. Significa *juzgar en contra, sentenciar*. Las actividades de Jesús en medio de su sufrimiento convirtieron en ilegal todo lo que estaba en contra nuestra. Su actividad legal hizo que esto no pudiera afectar y determinar nuestra vida y nuestro futuro. Sin embargo, los efectos de esto deben ponerse en orden en los Tribunales del Cielo. Cualquier veredicto emitido desde la cruz de Jesús debe ser ejecutado en su lugar. Por eso nos presentamos ante los Tribunales del Cielo y presentamos la obra de Jesús como prueba en nuestro favor. Esta es una de las cosas que a menudo no hacemos como creyentes del Nuevo Testamento. No ponemos en orden estas cosas de forma agresiva para que hablen por nosotros. Cuando leemos ciertas escrituras en el Nuevo Testamento e incluso en el Antiguo, son los *veredictos declarados* desde la cruz de Jesús. Por ejemplo, Colosenses 2.14 declara que todo lo que está en contra nuestra fue proclamado ilegal en la cruz.

Anulando el acta de los decretos que había contra nosotros, que nos era contraria, quitándola de en medio y clavándola en la cruz.

Jesús revocó *legalmente* todas las acusaciones contra nosotros. Él hizo que no tuvieran efecto a través de su sacrificio. Muchas veces, llevo estas palabras a los Tribunales y pido que se silencie ya cualquier voz que venga contra mí. El hecho de que haya un veredicto puesto en orden para mí no significa que las voces no intenten hablar en el mundo espiritual contra mí. Debo presentar como evidencia lo que Jesús ha hecho. Otra escritura que debe ser presentada es Gálatas 3.13.

Cristo nos redimió de la maldición de la ley, hecho por nosotros maldición (porque está escrito: «Maldito todo el que es colgado en un madero»).

Todo esto es lenguaje legal. Jesús, como Hijo de Dios sin pecado y sin adulterar, se ofreció por nosotros. Él ocupó nuestro lugar en la cruz y asumió la maldición. Recuerda que se hizo pecado por nosotros, para que fuéramos la justicia de Dios en Él. Esto es según 2 Corintios 5.21.

Al que no conoció pecado, por nosotros lo hizo pecado, para que nosotros fuésemos hechos justicia de Dios en él.

De nuevo, se trata de un lenguaje legal diseñado para despertar en nosotros la realidad de lo que Jesús ha realizado. Todo esto y mucho más se hizo por el sufrimiento y el trato brutal de Jesús a manos de los pecadores y del diablo. Él sufrió tanto para que nosotros pudiéramos tener las cosas legales necesarias para vivir una vida abundante de resurrección. Permítanme ayudarles a tomar estas cosas y presentarlas ante el Señor y sus Tribunales.

Mientras vengo ante Tus Tribunales, mi Señor, te agradezco tanto por lo que has hecho a través de Tu sacrificio por mí. Pido en base a tu ofrenda por mí, según Colosenses 2.14, que se retiren todos los cargos. Pido que toda la condena, la culpa, la vergüenza y la indignidad sean revocadas de mi vida. Cualquier pena por el pecado, digo, ha sido pagada por Ti. Te pido, ya que has clavado estas palabras contra mí en la cruz, que las voces que hablan contra mí, causando estos problemas de vergüenza, sean ahora silenciadas. Deja que lo que hiciste por mí hable ahora en mi favor ante tus tribunales ¡en el nombre de Jesús!

Te agradezco que según Gálatas 3.13 todas las maldiciones contra mí han sido eliminadas. Tú, Señor, te convertiste en una maldición para mí. Tú tomaste sobre ti todo lo que estaba destinado para mí. Tú me liberaste legalmente cuando sufriste y moriste en la cruz. Ahora, Señor, deja que esto hable por mí hoy en el nombre de Jesús. Que todos y cada uno de los efectos de las maldiciones contra mí, mi cuerpo, mis finanzas, mi familia y cualquier otro reino sean declarados ahora como ilegales e injustos. Debe desaparecer en el nombre de Jesús.

Gracias, Señor, al estar en Tus Tribunales que te hiciste pecado por mí para que yo pudiera ser Tu justicia. Por lo tanto, tengo una posición justa ante Ti. Gracias por Tu actividad legal en la cruz que puso esto en su lugar. Puedo presentarme ante ti sin temor, gracias a tu obra perfecta y legal en mi favor. Por la fe recibo de Ti todo lo que hiciste por mí. Que tu Espíritu Santo haga ahora realidad todo por lo que moriste para que yo lo tuviera. Gracias por el Espíritu que es mi ayuda legal para llevarme a todo lo que Tú has realizado legalmente. En el nombre de Jesús, amén.

Además del sufrimiento, el sacrificio y la obra expiatoria de Jesús por medio de su muerte, también logró mucho con su resurrección. Con su muerte, asumió legalmente la pena por mi pecado. Sin embargo, gracias a su resurrección, he resucitado con Él a una vida nueva. Esto también es un logro legal. Romanos 6.5–11 nos da una visión asombrosa de lo que legalmente ocurrió para nosotros no solo en la muerte de Jesús, sino también en su resurrección.

> *Porque si fuimos plantados juntamente con él en la semejanza de su muerte, así también lo seremos en la de su resurrección; sabiendo esto, que nuestro viejo hombre fue crucificado juntamente con él, para que el cuerpo del pecado sea destruido, a fin de que no sirvamos más al pecado. Porque el que ha muerto, ha sido justificado del pecado. Y si morimos con Cristo,*

> *creemos que también viviremos con él; sabiendo que Cristo, habiendo resucitado de los muertos, ya no muere; la muerte no se enseñorea más de él. Porque en cuanto murió, al pecado murió una vez por todas; mas en cuanto vive, para Dios vive. Así también vosotros consideraos muertos al pecado, pero vivos para Dios en Cristo Jesús, Señor nuestro.*

El bautismo es un medio por el cual nos aferramos literalmente a lo que se hizo legalmente. Cuando somos bautizados en agua, nos identificamos legalmente con su muerte, pero también nos identificamos legalmente con su resurrección y vida. Al igual que la vida que Jesús vive actualmente es el resultado de su resurrección, nosotros por medio de la fe contamos con todo esto. Reconocemos y abrazamos su obra legal por nosotros. El Espíritu Santo toma entonces el significado legal de su resurrección y ¡trae esa vida eterna a nosotros! Esto significa que lo que podría haber tratado de aferrarse a nosotros desde lo viejo es eliminado al entrar en lo nuevo. No tiene cabida en nuestra nueva experiencia como resucitados por el Señor. Se nos dice en Colosenses 3.1–4 que nuestra experiencia en Su resurrección cambia nuestras pasiones y deseos.

> *Si, pues, habéis resucitado con Cristo, buscad las cosas de arriba, donde está Cristo sentado a la diestra de Dios. Poned la mira en las cosas de arriba, no en las de la tierra. Porque habéis muerto, y vuestra vida*

está escondida con Cristo en Dios. Cuando Cristo, vuestra vida, se manifieste, entonces vosotros también seréis manifestados con él en gloria.

Como resultado de nuestra resurrección legal a Su novedad de vida, nuestros corazones deberían estar dirigidos a buscarlo. En lugar de interesarnos por el reino terrenal, nuestras pasiones están en Él y en lo que está arriba. Por eso los creyentes carnales nunca han entendido realmente lo que les ocurrió en la salvación. Si realmente hemos nacido de nuevo, debería haber algún interés y deseo hacia lo celestial y no solo lo terrenal. Esa parte de nosotros que solo se interesa por las cosas terrenales murió legalmente con Jesús. Esa parte de nosotros que desea a Dios—sus dones, sus pasiones, sus anhelos—cobró vida gracias a la resurrección de Jesús. También tenemos el deseo de entrar en todo lo que realmente somos. Esto sucederá cuando veamos a Jesús. La manifestación completa de lo que somos se verá cuando veamos físicamente a Jesús en Su gloria. Se revelará quiénes somos en la vida de resurrección de Jesús. Todo esto se debe a lo que se logró en la resurrección de Jesús.

> Muchas gracias, Señor, por tu resurrección y por el nuevo reino de vida legalmente obtenido para nosotros. Te agradezco que debido a Tu resurrección hay un clamor por mí en Tus Tribunales por la novedad de vida. Te agradezco

que cualquier cosa que intente aferrarse a mí desde lo antiguo ha perdido el poder de hacerlo legalmente. A través de mi bautismo en agua, te agradezco que esto se haya puesto en orden. Mi viejo hombre (la vieja naturaleza pecaminosa) murió contigo y el nuevo hombre ha resucitado contigo. Gracias porque hay un nuevo conjunto de pasiones en mí por lo celestial. Gracias porque mi corazón ya no está puesto en lo terrenal, sino que anhelo el reino nuevo y celestial. Te agradezco que también deseo que llegue el día en que se manifieste la plenitud de lo que soy en Tu resurrección. Señor, cuando aparezcas, yo también apareceré en tu gloria contigo. Gracias por todo lo que ha hecho Tu resurrección y por el Espíritu Santo que hace realidad todo lo que se ha obtenido legalmente para mí. En el nombre de Jesús, amén.

Hay un aspecto más de lo que Jesús realizó legalmente y es Su ascensión. Al igual que Su muerte y resurrección pusieron las cosas legalmente en orden para nosotros, Su ascensión también logró cuestiones legales. Lo principal que se logró legalmente fue el derecho a liberar el Espíritu Santo para nosotros. La Biblia dice en Hechos 2.31–33 que cuando Jesús ascendió y se sentó con el Padre, se le dio el Espíritu Santo para que lo derramara sobre nosotros.

> *Viéndolo antes, habló de la resurrección de Cristo, que su alma no fue dejada en el Hades, ni su carne vio corrupción. A este Jesús resucitó Dios, de lo cual todos nosotros somos testigos. Así que, exaltado por la diestra de Dios, y habiendo recibido del Padre la promesa del Espíritu Santo, ha derramado esto que vosotros veis y oís.*

Como Jesús fue resucitado y tomó su lugar con el Padre, esto permitió al Padre dar legalmente el Espíritu Santo a Jesús. Luego derramó el Espíritu Santo sobre los presentes en el aposento alto. Pero no solo a ellos, sino también a nosotros. La obra legal de Jesús en su muerte, sepultura, resurrección y luego ascensión hizo que el Espíritu Santo fuera derramado sobre nosotros. Uno de los aspectos de esto fue que el Espíritu Santo vino a morar en nosotros y no solo sobre nosotros o con nosotros. Juan 14.17 nos dice esta maravillosa verdad.

> *El Espíritu de verdad, al cual el mundo no puede recibir, porque no le ve, ni le conoce; pero vosotros le conocéis, porque mora con vosotros, y estará en vosotros.*

Hasta este momento, el Espíritu había ungido a las personas pero nunca había estado realmente en ellas. Esto se debe a que nunca habíamos sido purificados legalmente para poder ser una morada adecuada para Él. Sin embargo, la sangre nos ha purificado lo suficiente como para que podamos ver al Espíritu morando en nosotros. La sangre de los toros y los machos cabríos no era suficiente para limpiarnos. Sin embargo, cuando Jesús se entregó como *Sacrificio*, lo que legal y funcionalmente se hizo, permitió que el Espíritu de Dios habitara en nosotros como vasos consagrados a Él. Ahora todo estaba legalmente puesto en orden para que el Espíritu de Dios se instalara en nosotros. Debemos reclamar esto ante los Tribunales del Cielo y aceptar la unción y la presencia del Espíritu de Dios en nuestras vidas.

> Señor, al presentarme ante tus tribunales, les recuerdo todo lo que has hecho en la cruz, en tu entierro, en tu resurrección y en tu ascensión. Gracias porque ahora te has sentado a la derecha del Padre. Como resultado de toda esta actividad legal, ahora pido un nuevo empoderamiento de Tu Espíritu. Recibo Tu unción y presencia en mi vida. Así como derramaste el Espíritu que recibiste del Padre, haz que este Espíritu Santo entre ahora en mi vida. Que tu presencia esté conmigo, sobre mí y en mí. Ven, Espíritu Santo, y toma residencia en mi corazón ahora, en el nombre de Jesús, amén.

Capítulo 4

¿QUIÉN ES TU DIOS?

Al contender desde los Tribunales del Cielo por la vida resucitada de Jesús para dar a luz el avivamiento, tenemos que asegurarnos de que tenemos un Dios que hace tales cosas. Abraham y Sara experimentaron la vida de resurrección de Dios cuando se promulgó su capacidad de concebir y dar a luz a Isaac. Por supuesto, habían sido décadas de esterilidad, de esperanza aplazada y de aparente resignación de su suerte sin hijos en la vida. Cuando leemos la versión del Nuevo Testamento sobre Abraham y Sara, se diría que nunca tuvieron una duda sobre lo que iba a ocurrir. Sin embargo, cuando leemos los relatos del Antiguo Testamento, vemos que Abraham y Sara eran muy humanos y, de hecho, lucharon contra la incredulidad. Vemos a ambos llegar a un lugar de esperanza diferida, o de desaliento devastador. Lo vemos en Abraham en Génesis 17.15–19. De hecho, le pidió a Dios que dejara que fuera Ismael quien cumpliera la promesa.

> *Dijo también Dios a Abraham: «A Sarai tu mujer no la llamarás Sarai, mas Sara será su nombre. Y la bendeciré, y también te daré de ella hijo; sí, la bendeciré, y vendrá a ser madre de naciones; reyes de pueblos vendrán de ella».*
>
> *Entonces Abraham se postró sobre su rostro, y se rió, y dijo en su corazón: «¿A hombre de cien años ha de nacer hijo? ¿Y Sara, ya de noventa años, ha de concebir?» Y dijo Abraham a Dios: «Ojalá Ismael viva delante de ti».*
>
> *Respondió Dios: «Ciertamente Sara tu mujer te dará a luz un hijo, y llamarás su nombre Isaac; y confirmaré mi pacto con él como pacto perpetuo para sus descendientes después de él».*

El Señor le dijo a Abraham «No» ante su petición de reconocer a Ismael. Recuerda que Ismael nació como resultado de que Abraham y Sara buscaran tener hijos en su casa. Sara había entregado a Agar, su sierva, a Abraham para que buscara criar hijos porque era estéril. Esto causó un gran conflicto en el hogar. Finalmente, Sara exigió a Abraham que despidiera a Agar y a su hijo Ismael. Esto fue algo muy penoso para Abraham. Claramente, amaba a Ismael. Sin embargo, no era la semilla elegida a través de la cual Dios cumpliría su promesa a Abraham.

Esta es una imagen muy clara de cómo podemos actuar nosotros también cuando las promesas de Dios tardan en manifestarse más de lo que nos gustaría. Podemos inventar e idear planes que «ayuden» a Dios. Sin embargo, lo único que hizo el plan de Abraham y Sara fue traer confusión a su hogar y a las generaciones y épocas venideras. El conflicto actual en Oriente Medio es el resultado directo de las *semillas* de Abraham que guerrean entre sí. Esto se remonta al esfuerzo de Abraham y Sara por dar a luz en la carne las promesas de Dios que solo pueden venir a través del Espíritu del Señor.

Esto es una lección para nosotros hoy. He sido culpable de dar a luz *cosas* que no eran del Espíritu. Eran buenas ideas, planes y conceptos que se habrían considerado adecuados. El problema era que eran de la carne y no del Espíritu. Estas cosas siempre me han supuesto una carga una vez que eran operativas. Como resultado de haberlos dado a luz, tuve que ocuparme de ellos. Tuve que ocuparme económicamente de ellos. Tenía que cuidarlos con mano de obra/empleados. Tuve que ocuparme de ellos con un esfuerzo y una atención que podría haber dedicado a otra cosa. Siempre han traído confusión y estrés a mi vida. Espero haber aprendido a lo largo de los años a *dar a luz* solo lo que siento sinceramente que viene del Señor. Esto hace que la vida sea mucho más gozosa y menos dolorosa.

La principal razón por la que damos a luz a *Ismael* es por nuestra impaciencia. Mi impaciencia al esperar y contender por las promesas de Dios puede hacerme dar a luz cosas que no son de Dios. Pueden ser cosas *buenas*, pero no son cosas de *Dios*. Hace años, tuve un sueño que caracteriza esta idea. Fue un sueño definitorio y una palabra de Dios para mí en esa coyuntura particular de mi vida. En esta temporada particular de mi vida, estaba deseando entrar en lo que sabía que era el destino de Dios para mi vida. Quería mi propio ministerio e incluso una iglesia en lugar de servir donde Dios me había puesto. Estaba muy impaciente. En el sueño, estaba en una carretera que subía a una montaña. La carretera estaba en construcción, con mucha maquinaria pesada haciendo el trabajo. Ahora sé que esto era el Señor haciéndome saber que todo se estaba arreglando en mí y para que yo entrara en mi destino, pero necesitaba esperar. La maquinaria se movía a un ritmo muy lento. Estaban construyendo la carretera; sin embargo, parecía que iba a llevar mucho tiempo. Como resultado de este lento movimiento, decidí rodear la maquinaria y seguir mi camino.

Vi una abertura entre algunos de los equipos y el borde del acantilado de la montaña. Pensé que había suficiente espacio para pasar. Al intentar hacerlo, mi pie resbaló y caí por la ladera de la montaña. Estaba colgando del acantilado por las axilas. Mientras colgaba en esta precaria posición, me di cuenta de que uno de mis hijos, Adam, estaba colgado de mi espalda. Recuerdo en el sueño sentir sus bracitos alrededor de mi cuello y sus rodillas clavándose en mis costados. En el momento de este sueño, Adán tendría dos años más o menos. Así que aquí estoy en esta posición, y de repente me di cuenta de que mi hijo/generaciones estaban en peligro.

Mientras estaba allí colgado, me di cuenta de que un hombre con un pico estaba trabajando diligentemente en la carretera. Le grité y le dije: «Por favor, recoge a Adán». Aunque estaba suspendido en este lugar, me preocupaba mucho más que Adán perdiera el agarre y se cayera que yo. Quería que lo pusieran a salvo y luego que me sacaran a mí de esta peligrosa situación. En su lugar, el hombre del pico (que entendí que era el Espíritu Santo) se agachó y con una fuerza sobrenatural me levantó con Adán todavía atado a mi espalda. Me puso en tierra firme con seguridad. Entonces, me habló de cosas. Primero dijo: «*Mucha gente ha caído en su destrucción aquí mismo*».

¡Vaya! En un esfuerzo por moverse más rápido y a un ritmo mayor que el de Dios, puede llegar la destrucción. Debemos estar dispuestos a *esperar en el Señor*. Tenemos que permitir que la empresa de construcción de Dios ocurra en nuestras vidas. Tenemos que dejar que Él nos prepare, pero también que nos prepare el camino. Lo segundo que me dijo este hombre fue: «*Y si te tengo a ti, tengo a Adán*». El Señor me estaba haciendo saber que mientras yo le siguiera y le obedeciera, Adán y los demás niños también lo harían. Mi lugar rendido ante el Señor permitiría no solo que los propósitos de Dios se hicieran en mi vida, sino también en mis hijos y en las generaciones venideras. Recuerda que nuestro Dios es un Dios que guarda el pacto hasta las mil generaciones. El Salmo 105.8 hace claramente esta afirmación.

Se acordó para siempre de su pacto; de la palabra que mandó para mil generaciones.

De esta escritura, podemos suponer que el hecho de que Dios guarde su pacto por mil generaciones es solo una forma de decir que es para siempre. Si sabemos ir a los Tribunales del Cielo, podemos exigir los pactos que se han hecho en nuestras generaciones. A menudo, nos ocupamos del aspecto injusto de los contratos y pactos demoníacos de nuestra ascendencia. Esto es necesario. Sin embargo, no debemos olvidar que debemos hacer reclamaciones ante los Tribunales del Cielo en relación con los pactos justos realizados que aún están intactos en nuestro linaje. Estas pueden ser peticiones muy poderosas y contundentes ante el Tribunal del Cielo.

Como resultado de este sueño, me propuse en mi corazón no avanzar nunca más rápido de lo que Dios se movía. Me propuse no dar a luz a Ismaeles que trajeran confusión e incluso destrucción a mi vida y a las generaciones. Puedo decir en este momento que hemos visto y seguimos viendo bendiciones sobre nuestros hijos. Adán está sirviendo al Señor como un pastor muy exitoso. Mis otros hijos también están viviendo su destino y su futuro. Mi hijo mayor está en el mundo de los negocios. Los otros cinco hijos y sus cónyuges están en el ministerio a tiempo completo. Dios nos ha bendecido con toda seguridad. Sin embargo, podría haberlo estropeado todo al tratar de avanzar a un ritmo más rápido que el ordenado por Dios.

No solo habría perdido mi propósito y mi destino, sino potencialmente el de mis generaciones también. Dios es fiel a cumplir su palabra si solo luchamos y esperamos en Él y en sus promesas.

Si has sido culpable de salirte del tiempo de Dios, aquí tienes una oración que puedes rezar:

> Al acercarme a Tus Tribunales, Señor, reconozco mi impaciencia y mi tendencia a correr delante de Ti. Te pido que seas misericordioso con cualquier lugar en el que no haya esperado en Ti. Te pido que me ayudes a corregir cualquier cosa destructiva que pueda haber causado por mi insensibilidad a Tu guía. Que tu misericordia me rija. Que pueda encontrar el favor ante tus ojos mientras busco discernir tu corazón y tu tiempo y esperar en ti. Que esto quede registrado ante Tus Tribunales mientras acepto Tu poder de resurrección para restaurar y reconstruir todo lo que pueda haber sido destruido. En el nombre de Jesús, amén.

El deseo de Abraham de que Ismael fuera reconocido ante el Señor era el resultado de una esperanza aplazada. Esto significa normalmente una serie de decepciones que han creado una falta de fe en nuestros corazones. Proverbios 13.12 muestra esta palabra de la escritura.

> *La esperanza que se demora es tormento del corazón;
> pero árbol de vida es el deseo cumplido.*

La esperanza diferida significa que el desánimo ha llegado tan a menudo que ya no tenemos una fe vibrante operando en nosotros. Ahora es demasiado doloroso esforzarse por volver a creer. Hemos pasado al modo de supervivencia. Este es un lugar más seguro para vivir. El problema es que en este lugar no se puede cumplir ninguna de las promesas de Dios. Se necesita una fe real, dispuesta a entregar nuestras vidas y creer en Dios para ver sus promesas cumplidas. Esta es la declaración y el testimonio de las escrituras en Hebreos 11.8 y 11. Vemos que las Escrituras mencionan a Abraham y a Sara y la fe real con la que operaron para conseguir las promesas.

> *Por la fe Abraham, siendo llamado, obedeció para salir al lugar que había de recibir como herencia; y salió sin saber a dónde iba.*
>
> *Por la fe también la misma Sara, siendo estéril, recibió fuerza para concebir; y dio a luz aun fuera del tiempo de la edad, porque creyó que era fiel quien lo había prometido.*

La fe real estaba presente tanto en Abraham como en Sara para ver cumplidas las promesas de Dios. Sin embargo, esto no fue sin que pasaran por momentos de esperanza diferida. Vimos esto en la vida de Abraham en las escrituras anteriores que mencionamos. Luchó y deseó que Ismael fuera *la semilla*. Era más fácil y no requería fe para que eso ocurriera. Sin embargo, Dios sacó a Abraham del lugar de la esperanza diferida y lo llevó a la fe real para creer de nuevo.

Sarah estaba luchando en sí misma. Por eso dice que Sara *recibió fuerza para concebir*. Antes de que Dios pudiera hacer un milagro de resurrección en los cuerpos de Abraham y Sara, ¡tuvo que revivir sus almas con una fe real! Recuerda que cuando Dios se presentó en Génesis 18.10–15, se reveló la esperanza diferida de Sara. Había renunciado a la idea de tener un bebé. Su cuerpo ya no lo permitiría. Había pasado la edad para tener hijos. Lo que ella había esperado y creído no había terminado. Iban a encontrarse con el Dios de la resurrección.

> *Entonces dijo: «De cierto volveré a ti; y según el tiempo de la vida, he aquí que Sara tu mujer tendrá un hijo.»*
>
> *(Y Sara escuchaba a la puerta de la tienda, que estaba detrás de él.) Y Abraham y Sara eran viejos, de edad avanzada; y a Sara le había cesado ya la costumbre de las mujeres. Se rió, pues, Sara entre sí, diciendo: «¿Después que he envejecido tendré deleite, siendo también mi señor ya viejo?»*
>
> *Entonces Jehová dijo a Abraham: «Por qué se ha reído Sara diciendo: "¿Será cierto que he de dar a luz siendo ya vieja?" ¿Hay para Dios alguna cosa difícil?*

> *Al tiempo señalado volveré a ti, y según el tiempo de la vida, Sara tendrá un hijo».*
>
> *Entonces Sara negó, diciendo: «No me reí»; porque tuvo miedo.*
>
> *Y él dijo: «No es así, sino que te has reído».*

El Señor necesitaba que tanto Abraham como Sara fueran personas de fe. No fue suficiente que Abraham saliera de la esperanza diferida y volviera a la fe. El Señor ahora necesitaba que Sara también le creyera. Cuando Sara escuchó la promesa de que su cuerpo sería restaurado y resucitado, soltó una carcajada de incredulidad. Esta risa probablemente contenía un sentimiento de burla, desprecio y dolor por todos los años de espera. Fue una carcajada cuya afirmación fue: *«Esto es absurdo».*

Sin embargo, el Señor, en su misericordia, se enfrentó a la incredulidad de Sara y a su estado de esperanza diferida. Cuando ella se rió, y luego lo negó, Dios en esencia dijo: *«¡Oh, sí, lo hiciste!»* Esto no fue duro o insensible hacia el viaje que Sarah había emprendido. Era para obligarla a reconocer y afrontar el estado de su corazón. Obviamente, lo hizo. Recibió fuerza para concebir.

Una vez más, antes de que sus cuerpos pudieran revivir, tenían que experimentar primero la resurrección en sus almas. El Señor, en su gracia y en su naturaleza de guardar el pacto, trabajó para cumplir esto. El compromiso del Señor con su pacto con nosotros hace que continúe incluso cuando nos rendimos. Esto es lo que les ocurrió a Abraham y a Sara. Por eso, según Romanos 4.17, Abraham pudo ver el poder de resurrección de Dios moverse a través de él y de Sara. Esto permitió que se cumpliera la promesa que Dios les había hecho. Veamos de nuevo esta escritura.

> *Como está escrito: «Te he puesto por padre de muchas gentes» delante de Dios, a quien creyó, el cual da vida a los muertos, y llama las cosas que no son, como si fuesen.*

Permítanme mostrarles cuatro cosas relacionadas con el poder de resurrección de Dios que fluyó a través de Abraham y Sara.

En primer lugar, esto se basó en lo que Dios había dicho. Fíjate que el Señor le había dicho previamente a Abraham: *«Te he hecho padre de muchas naciones»*. Esta fue una de las varias palabras que el Señor le dijo a Abraham. Estas palabras fueron las que mantuvieron a Abraham con fe. Esto se debe a que, según Romanos 10.17, la fe es el resultado de la palabra que hemos escuchado del Señor.

> *Así que la fe es por el oír, y el oír, por la palabra de Dios.*

Observa que Dios dice. «Te he*hecho* padre de muchas naciones». No dijo: «Voy a *hacer* de ti un padre de muchas naciones». Hay muchas ideas sobre por qué el Señor habla de esa manera. Una de ellas es porque se refiere a lo que escribió en un libro en el cielo sobre ti. El Salmo 139.16 muestra que tenemos libros en el cielo que relatan nuestro destino y futuro previsto por Dios.

> Mi embrión vieron tus ojos, y en tu libro estaban escritas todas aquellas cosas que fueron luego formadas, sin faltar una de ellas.

Al escribir estas palabras, David comprendió que antes de que comenzara el tiempo, lo que debía hacer estaba establecido. Esta fue una declaración del propósito y la intención de la vida de David. 2 Timoteo 1.9 nos da más luz sobre esta idea.

> Quien nos salvó y llamó con llamamiento santo, no conforme a nuestras obras, sino según el propósito suyo y la gracia que nos fue dada en Cristo Jesús antes de los tiempos de los siglos,

Observa que *el propósito y la gracia* nos fueron dados *antes de que el tiempo comenzara*. Esto significa que lo que debemos hacer fue ordenado antes de que existiera nada. El sol, la luna y las estrellas determinan el tiempo; por lo tanto, antes de que todo esto existiera, mi propósito me fue designado y la gracia me fue asignada para cumplirlo. Ha estado esperando a que me presente y descubra lo que ya se me ha concedido. Todo esto fue escrito en un libro antes de que comenzara el tiempo. Efesios 2.10 hace otra declaración significativa.

> *Porque somos hechura suya, creados en Cristo Jesús para buenas obras, las cuales Dios preparó de antemano para que anduviésemos en ellas.*

Las buenas obras que debemos realizar han sido preparadas *de antemano*. Aquellas cosas en las que debemos caminar, nuestro destino y propósito, fueron puestos en orden y registradas en un libro antes de que el tiempo comenzara. Por eso, en Daniel 7.10 vemos al Tribunal del Cielo sentado y los *libros del destino abiertos*.

> *Un río de fuego procedía y salía de delante de él; millares de millares le servían, y millones de millones asistían delante de él; el Juez se sentó, y los libros fueron abiertos.*

Que los libros se abran significa que los casos que se presentan en los Tribunales del Cielo provienen de estos libros. Estos libros son el destino profético y el propósito para el que existimos. Cuando el Señor le dijo a Abraham: *«Te he hecho padre de muchas naciones»*, habló así porque estaba escrito y establecido en los libros del destino en el cielo.

Deberíamos tomar este tipo de palabras que hemos escuchado y elevar una petición a los Tribunales del Cielo con ellas. Esto es lo que hemos discutido antes acerca de hacer a Dios recordar. En otras palabras, cuando pedimos a los Tribunales lo que Dios ha dicho y lo llamamos a la memoria, es una parte de nuestra calificación para tener lo que fue determinado antes de que el tiempo comenzara. Por lo tanto, si queremos experimentar la vida de resurrección de Dios, como lo hicieron Abraham y Sara, debemos llamar a la memoria la palabra pronunciada en los libros del cielo sobre nosotros. Permite que dé a luz la fe al presentarla como prueba ante Sus tribunales.

> Al estar en Tus Tribunales, Señor, te agradezco que mi destino y el de mi familia estén escritos en Tu libro, según el Salmo 139.16. A partir de este libro, presiento y elevo mi petición proféticamente a Tu Corte que esto sea mi realidad. Que todo lo que está escrito en este libro se conozca y se haga realidad en mi vida. Te pido, Señor, que todas y cada una de las acusaciones contra mí que me nieguen este destino profético sean ahora silenciadas por la sangre de Jesús que habla por mí, según Hebreos 12.24.

Una segunda cosa que se nos dice es que Abraham creyó en quien percibía que era Dios en *su presencia*. Esta porción de la Escritura en Romanos 4.17 dice: «*delante de Dios, a quien creyó*». El poder para creer en Dios está relacionado con el hecho de caminar en su presencia. Su presencia crea una atmósfera en la que las actividades espirituales son mucho más fáciles. Si queremos ser personas de fe que puedan recibir del Señor, debemos cultivar la presencia del Señor.

Recuerdo cuando Dios me llamó por primera vez a orar. Parecía que no había presencia ni unción real para orar. Sin embargo, cuanto más fiel era a la hora de *presentarme* y buscar su rostro de forma constante, más se manifestaba la cercanía del Señor. En esta presencia manifiesta, surge la fe para creer en Dios. Su presencia crea una atmósfera en la que la vida de resurrección de Dios puede revivirnos. Donde Él está, hay vida. Reza esta oración desde los Tribunales del Cielo. Una de las cosas que permite la presencia y cercanía de Dios con nosotros se encuentra en el Salmo 34.18.

Cercano está Jehová a los quebrantados de corazón;
y salva a los contritos de espíritu.

Un corazón roto no es necesariamente uno que ha sido herido o devastado. Una persona rota y contrita es aquella que ha sometido su voluntad al Señor. A medida que han buscado al Señor, toda parte en ellos que desea su propio camino se rinde al Señor. Estos son los que tienen un corazón roto y un espíritu contrito. El Señor se acerca a ellos. Podemos ver esto en María, que trajo la caja de alabastro y la rompió sobre los pies de Jesús en Juan 12.3. Mientras celebraban la resurrección de Lázaro, María tomó lo que era muy costoso, tanto como el salario de un año, y ungió los pies de Jesús:

> *Entonces María tomó una libra de perfume de nardo puro, de mucho precio, y ungió los pies de Jesús, y los enjugó con sus cabellos; y la casa se llenó del olor del perfume.*

Obsérvese que la fragancia llenaba toda la casa. Cada vez que hay un sacrificio hecho desde un corazón quebrantado y contrito, la unción de Su presencia llenará la casa. Su presencia es casi siempre el resultado de alguien que fluye en el quebrantamiento ante Él. Al llegar Su presencia, se revelará la vida de resurrección de Jesús. Esto es lo que causó que la resurrección ocurriera con Abraham y Sara —sus cuerpos fueron renovados y reempoderados debido al poder de resurrección de Dios que fluye de Su presencia con la que vivían en comunión.

> Mientras estoy de pie en Tus Tribunales por fe, Señor, pido que se manifieste el poder de Tu presencia. Gracias, Señor, porque siempre estás presente. Sin embargo, deseo Tu gloria y la cercanía de Tu Presencia donde se conoce Tu poder de resurrección. Sé que estás cerca de los que tienen el espíritu quebrantado y el corazón contrito. Que yo sea ese que se rinde a Ti desde lo más profundo de mi ser. Ven, Espíritu Santo, y muéstrate glorioso en el nombre de Jesús. Amén.

Abraham tenía un Dios que resucitaba cosas muertas. La tercera cosa relacionada con la resurrección de Abraham y Sara fue la forma en que vieron al Señor. Observa de nuevo que Romanos 4.17 declara que el Dios de Abraham y Sara era el que *da vida a los muertos*. Esto es resurrección y avivamiento. Tenían un Dios desplegado y revelado que podía devolver las cosas muertas a la vida. Sus propios cuerpos fueron resucitados, lo que les permitió concebir y dar a luz a Isaac. Esta creencia en el poder de Dios para resucitar también hizo que Abraham pasara la prueba cuando se le dijo que ofreciera a Isaac en un altar. Hebreos 11.17–19 atestigua esta realidad.

> *Por la fe Abraham, cuando fue probado, ofreció a Isaac; y el que había recibido las promesas ofrecía su unigénito, habiéndosele dicho: «En Isaac te será llamada descendencia»; pensando que Dios es poderoso para levantar aun de entre los muertos, de donde, en sentido figurado, también le volvió a recibir.*

Observa que Abraham estaba convencido de que, aunque Isaac muriera, Dios lo resucitaría. Concluyó esto debido a la palabra que tenía del Señor previamente, que *«En Isaac te será llamada descendencia»* Abraham estaba tan persuadido del corazón de Dios, su poder y su naturaleza de guardar el pacto que creía que Isaac sería resucitado, incluso si era ofrecido y matado. Esto nació de su confianza en un Dios que resucita las cosas muertas. Su fe en Dios vino de esta revelación de quién es Dios realmente.

La pregunta es, ¿es este también nuestro Dios? Incluso cuando las cosas parecen haber muerto y las cosas podrían parecer finalizadas, servimos a un Dios que resucita. Este era el Dios de Abraham y Sara. Debemos esforzarnos para que quede constancia y se declare en los Tribunales del Cielo que este es quien creemos que es nuestro Dios.

> Al llegar a tu presencia, Señor, en los Tribunales del Cielo, te pido que quede constancia de que creo que eres el Dios de la resurrección. Que se sepa que mi fe declara que Tú eres el que devuelve las cosas muertas a la vida. Que esta declaración hable en mi nombre mientras me presento en Tus Tribunales y te pido por mi triunfo. Declaro ante Ti que creo que no hay nada imposible para Ti. En el nombre de Jesús, amén.

La cuarta cosa que permitió a Abraham y Sara experimentar la resurrección fue que sabían que Diosllamaba a las cosas que no existen a la realidad. El Señor puede decir una palabra y se puede originar una orden divina. Puede crear lo que se ve a partir de lo que no se ve. Esto es lo que declara Hebreos 11.3.

> *Por la fe entendemos haber sido constituido el universo por la palabra de Dios, de modo que lo que se ve fue hecho de lo que no se veía.*

Debemos darnos cuenta de que en este versículo la Biblia no dice que Dios haya creado algo de la nada. Dice que Él creó lo que se *veía* a partir de lo que *no se veía*. La verdadera fe es discernir el reino invisible y proclamarlo en la dimensión visible. Por eso es tan importante lo profético. Cuando discernimos lo que hay en el mundo invisible a través de lo profético, podemos traerlo a la dimensión visible. Este era el Dios al que servían Abraham y Sara. Comprendieron que Dios había llamado algo a la realidad en el lugar invisible. Sin embargo, necesitaban verlo manifestado en lo visible. Recuerda que según Hebreos 11.1, la fe es poseer algo en el mundo invisible antes de que se manifieste y sea evidente en el mundo natural.

> *Es, pues, la fe la certeza de lo que se espera, la convicción de lo que no se ve.*

Esto es lo que le ocurrió a Abraham cuando creyó lo que el Señor le dijo. Por lo tanto, Abraham sabía que lo que Dios había dicho se manifestaría al sumar su fe a la palabra del Señor. Él vería que lo que había en el mundo invisible se mostrara en el natural. Por eso, nos anima tanto la palabra del Señor a *añadir* nuestra fe a la palabra que escuchamos. Hebreos 4.2 nos dice que porque el pueblo de Dios no abrazó y añadió fe a la palabra, perdió las promesas para sus generaciones.

> *Porque también a nosotros se nos ha anunciado la buena nueva como a ellos; pero no les aprovechó el oír la palabra, por no ir acompañada de fe en los que la oyeron.*

La palabra declarada de Dios no puede por sí misma realizar los propósitos de Dios. Debemos ser un pueblo de fe y añadir nuestra creencia a esa palabra. Cuando creemos en el Señor con persistencia, vemos que lo que está en el mundo espiritual o no visto se manifiesta y se revela en este reino natural o visto. Al estar en los Tribunales del Cielo, podemos pedir a los Tribunales hasta que esto se haga realidad.

> Señor, al presentarme ante tus Tribunales, que conste que creo en tu palabra. Creo en lo que has dicho y en que Tú eres el Dios que llama a las cosas invisibles a la manifestación. Lo creo y añado mi fe a Ti y a Tu poder. Que todo lo que has dicho se manifieste y se vea en mi vida. Que veamos la realidad de tus promesas hacerse realidad. Aunque las cosas parezcan estar muertas, que se levanten y vuelvan a vivir. Te tomo la palabra y me juego mi vida y mi futuro en la palabra del Señor que me has dicho. En el nombre de Jesús, amén.

Capítulo 5

LA ATMÓSFERA LO ES TODO

Cuando investigamos el ministerio milagroso de Jesús, hay tres lugares registrados en los que resucitó a personas de entre los muertos. Estoy seguro de que hubo muchos más que fueron traídos de la muerte a la vida. Sin embargo, solo se nos habla de estos tres en los evangelios. Me baso en Juan 21.25. Se nos dice que si se registrara todo lo que hizo Jesús, no habría suficientes libros para guardar ese registro.

> *Y hay también otras muchas cosas que hizo Jesús, las cuales si se escribieran una por una, pienso que ni aun en el mundo cabrían los libros que se habrían de escribir. Amén.*

Este es un testimonio asombroso del poder y la autoridad con que Jesús caminó durante sus tres años y medio de ministerio. Por eso creo que las señales, los prodigios y los milagros deberían ser la norma de la iglesia actual. Incluso en la iglesia primitiva, los milagros eran tan numerosos que se consideraban comunes. Hechos 2.43 nos dice que la manifestación de poder fue tan regular a través de los apóstoles que hubo *muchas* maravillas y señales.

> *Y sobrevino temor a toda persona; y muchas maravillas y señales eran hechas por los apóstoles.*

La palabra *muchos* en este verso es *polus* en el griego. Significa *ser tanto que es común*. No debemos cometer el error de pensar que solo lo que está registrado en la Biblia es todo lo que ocurrió. La verdad es que los milagros ocurrían con tal regularidad que eran algo habitual. Este pueblo del Nuevo Testamento era un pueblo muy asociado al movimiento sobrenatural de Dios.

Esta escritura en Hechos 2.43 tiene un significado especial para mí. Hace unos años, estábamos en un lugar muy difícil de la vida y el ministerio. Nos habían traicionado y habíamos sufrido mucho daño por parte de aquellos a los que considerábamos amigos. Durante este tiempo, tuve un sueño muy significativo. En mi sueño, estaba sentado en un avión en primera clase esperando para despegar. La aeromoza se puso de pie y me llamó por mi nombre. Me levanté de mi asiento y me acerqué a ella para ver qué quería. Me dijo: «Lo han subido de categoría». Cuando dijo esto, pensé: *¿Adónde voy? Estoy en primera clase*. Sin embargo, de repente, me di cuenta de que el avión en el que estaba era de dos pisos. Había un nivel por encima de mí que no sabía que existía. Entonces me dijo: «Lo han ascendido de su *asiento* en primera clase a una *suite* en el nivel superior». Luego dijo: «Ahora está en *la suite 243*».

Cuando dijo el número *243*, en el sueño, el Espíritu Santo me dijo: «*Hechos 2.43*». Al despertarme a la mañana siguiente, hice lo que haría cualquiera. Fui a buscar mi Biblia para verificar lo que decía Hechos 2.43. Al leer las palabras de este versículo, el Señor dijo: «*Te estoy subiendo de categoría en señales y maravillas apostólicas*». Todavía estoy perseverando hacia vivir la plenitud de esta palabra. Cuando el Señor nos da una palabra como esta, debemos perseverar hacia ella con nuestra fe hasta que veamos la plenitud de la misma. Creo que esta es una palabra relacionada con la vida de resurrección de Jesús para estos días de avivamiento en los que estamos. Veremos manifestarse señales y maravillas apostólicas. Este tipo de señales y maravillas son los que no se pueden negar. *Exigen* una decisión de quienes los presencian. Esto es lo que ocurrió en Hechos 3.1–10 cuando Pedro y Juan vieron al cojo de la Puerta Hermosa sanado.

> *Pedro y Juan subían juntos al templo a la hora novena, la de la oración. Y era traído un hombre cojo de nacimiento, a quien ponían cada día a la puerta del templo que se llama la Hermosa, para que pidiese limosna de los que entraban en el templo. Este, cuando vio a Pedro y a Juan que iban a entrar en el templo, les rogaba que le diesen limosna. Pedro,*

> con Juan, fijando en él los ojos, le dijo: «Míranos». Entonces él les estuvo atento, esperando recibir de ellos algo. Mas Pedro dijo: «No tengo plata ni oro, pero lo que tengo te doy; en el nombre de Jesucristo de Nazaret, levántate y anda». Y tomándole por la mano derecha le levantó; y al momento se le afirmaron los pies y tobillos; Y saltando, se puso en pie y anduvo; y entró con ellos en el templo, andando, y saltando, y alabando a Dios. Y todo el pueblo le vio andar y alabar a Dios. Y le reconocían que era el que se sentaba a pedir limosna a la puerta del templo, la Hermosa; y se llenaron de asombro y espanto por lo que le había sucedido.

Este milagro fue tan fenomenal que los líderes religiosos no pudieron negarlo. Hechos 4.1–4 nos da una idea de lo que ocurrió como resultado de este milagro y del sermón que se predicó a partir de él.

> Hablando ellos al pueblo, vinieron sobre ellos los sacerdotes con el jefe de la guardia del templo, y los saduceos, resentidos de que enseñasen al pueblo, y anunciasen en Jesús la resurrección de entre los muertos. Y les echaron mano, y los pusieron en la cárcel hasta el día siguiente, porque era ya tarde. Pero muchos de los que habían oído la palabra, creyeron; y el número de los varones era como cinco mil.

La iglesia experimentó un gran crecimiento. La última vez que vimos un número registrado en las escrituras sobre el tamaño de la iglesia fue de 3,000 (ver Hechos 2.41). Ahora, como resultado de este milagro, la gente vino al Señor y fue agregada a la iglesia. El milagro apostólico realizado por Pedro y Juan ¡exigía una decisión! La decisión fue que la gente diera su vida a Jesús, porque podían ver la realidad de que¡estaba vivo!

Este milagro apostólico no podía ser *negado*. A menudo, el nivel de señales y maravillas que hemos presenciado puede ser explicado o desacreditado. Sin embargo, viene un nivel de señales y maravillas que no se negarán porque son de dimensión apostólica. Esto es lo que ocurrió con este milagro. A la vez que los líderes religiosos debatían lo que podían y debían hacer con Pedro y Juan, tuvieron que admitir el nivel de milagro que habían visto. Hechos 4.13–23 nos muestra su dilema.

> *Entonces viendo el denuedo de Pedro y de Juan, y sabiendo que eran hombres sin letras y del vulgo, se maravillaban; Y les reconocían que habían estado con Jesús. Y viendo al hombre que había sido sanado, que estaba en pie con ellos, no podían decir nada en contra. Entonces les ordenaron que saliesen del concilio; y conferenciaban entre sí, diciendo: «¿Qué haremos con estos hombres? Porque de cierto, señal manifiesta ha sido hecha por ellos, notoria a todos los que moran en Jerusalén, y no lo podemos negar.*

Sin embargo, para que no se divulgue más entre el pueblo, amenacémosles para que no hablen de aquí en adelante a hombre alguno en este nombre».

Y llamándolos, les intimaron que en ninguna manera hablasen ni enseñasen en el nombre de Jesús. Mas Pedro y Juan respondieron diciéndoles: «Juzgad si es justo delante de Dios obedecer a vosotros antes que a Dios; Porque no podemos dejar de decir lo que hemos visto y oído». Ellos entonces les amenazaron y les soltaron, no hallando ningún modo de castigarles, por causa del pueblo; porque todos glorificaban a Dios por lo que se había hecho, Ya que el hombre en quien se había hecho este milagro de sanidad, tenía más de cuarenta años.

Y puestos en libertad, vinieron a los suyos y contaron todo lo que los principales sacerdotes y los ancianos les habían dicho.

Los dirigentes calificaron este milagro *de notorio o notable.* Esto es lo que son las señales y maravillas apostólicas. Son milagros notables que no se pueden negar. Este es el nivel de lo milagroso al que Dios nos ascenderá. Deberíamos solicitar al Tribunal del Cielo esta subida de categoría.

Al presentarnos ante Tu sistema judicial, Señor, nos presentamos ante este Tribunal. Te pedimos, Señor, la subida de categoría prometida en señales y maravillas apostólicas. Pedimos que haya milagros que exijan una decisión y que no se puedan negar. Pedimos a este Tribunal lo que está escrito en los libros del cielo sobre nosotros. Que seamos tus recipientes para demostrar la vida de quien Tú eres. Que con tus primeros apóstoles prediquemos y declaremos la resurrección de Jesús de entre los muertos y luego lo demostremos a través de milagros masivos que provoquen que lo sobrenatural vuelva a ser algo común en tu iglesia, tu gente de poder. En el nombre de Jesús, amén.

Al examinar el ministerio de la resurrección de Jesús, de nuevo hay tres ocasiones en las que las Escrituras lo muestran resucitando a personas de entre los muertos. Uno de ellos es la hija de Jairo en Lucas 8; otros son la resurrección del hijo de la viuda de Naín en Lucas 7 y la resurrección de Lázaro en Juan 11. En todos ellos, cuando Jesús resucitó a la gente de entre los muertos, podemos ver principios para experimentar nuestra propia resurrección de lo que podría haber muerto.

En este capítulo, veremos la resurrección de la hija de Jairo. Se trata de una niña de 12 años que murió de una enfermedad. Jairo era el jefe de la sinagoga, lo que le habría convertido en una persona conocida y de influencia. El relato de esta resurrección se encuentra en Lucas 8.41–42 y también en Lucas 8.49–56. La razón por la que esta historia se interrumpe durante unos versos es porque en el camino para sanar a esta muchacha antes de que muriera, la mujer con el flujo de sangre tocó a Jesús con su necesidad. Jesús se detuvo para atenderla, y esta interrupción permitió que la niña muriera. Leamos este relato.

> *Entonces vino un varón llamado Jairo, que era principal de la sinagoga, Y postrándose a los pies de Jesús, le rogaba que entrase en su casa; porque tenía una hija única, como de doce años, que se estaba muriendo.*
>
> *Y mientras iba, la multitud le oprimía.*

¿Puedes imaginar la desesperación que había en este padre? Han intentado todo para que su única hija sane. Ha llegado a un punto crítico y la chica está al borde de la muerte. El padre, que es un líder judío muy respetado, debe ahora tomar una decisión. ¿Debe mantener su estatus de líder de la religión judía que está en contra de Jesús en la mayoría de los frentes, o va a buscar ayuda para su hijita a la que ama más que a la vida misma? La decisión no es en realidad ninguna decisión. Debe ir a buscar a Jesús. Está cerca, y sabe que si Jesús puede venir a tocar a su niña, será sanada y liberada de la muerte.

Al llegar a Jesús, para su alivio, Jesús aceptó venir. El problema era que toda esa gente ralentizaba el viaje. Entonces, esta mujer tocó a Jesús y virtud salió de Él. Estuvo sanada. Jesús se detuvo a dialogar con ella. Solo puedo imaginar el miedo, la confusión y la ansiedad de este padre mientras esperaba que Jesús terminara con esta gente y viniera a sanar a *su* hijita. Entonces ocurrió lo que más temía. Un mensajero de su casa llegó hasta él.

> *Estaba hablando aún, cuando vino uno de casa del principal de la sinagoga a decirle: «Tu hija ha muerto; no molestes más al Maestro».*
>
> *Oyéndolo Jesús, le respondió: «No temas; cree solamente, y será salva». Entrando en la casa, no dejó entrar a nadie consigo, sino a Pedro, a Jacobo, a Juan, y al padre y a la madre de la niña. Y lloraban todos y hacían lamentación por ella. Pero él dijo: «No lloréis; no está muerta, sino que duerme». Y se burlaban de él, sabiendo que estaba muerta.*
>
> *Mas él, tomándola de la mano, clamó diciendo: «Muchacha, levántate». Entonces su espíritu volvió, e inmediatamente se levantó; Y él mandó que se le diese de comer. Y sus padres estaban atónitos; pero Jesús les mandó que a nadie dijesen lo que había sucedido.*

Tan pronto como Jesús escuchó el informe negativo, pronunció una palabra de esperanza, ánimo y consuelo. Le advirtió al hombre que no dejara que el miedo se apoderara de él, sino que siguiera creyendo. Jesús le prometió que si permanecía en la fe y no permitía que la emoción del miedo lo dominara, vería la gloria de Dios.

Muchas veces, el miedo intentará apoderarse de nosotros. Llegará en momentos inesperados. Sin embargo, si escuchamos en esos momentos, el susurro del Señor acallará esos temores. Oiremos su voz diciendo: «*No temas, solo cree*». En este momento, debemos decidir a quién vamos a creer. ¿Creeremos al miedo que nos grita o creeremos a la voz del Maestro que nos susurra? La elección será nuestra. Debemos decidir a quién vamos a creer en este momento. Puede determinar el resultado de la situación en la que nos encontramos.

Cuando continuaron el viaje a la casa de este hombre, encontraron al llegar a los dolientes creando una atmósfera equivocada para la resurrección. Jesús sabía que lo milagroso podía depender de la atmósfera. Por lo tanto, echó a todos los detractores que se burlaban. La Escritura dice, de hecho, que los dolientes se *reían de Él para despreciarlo*. Cuando *despreciamos* algo, estamos diciendo que no tiene valor, que es estúpido, despreciable y lleno de desdén. Estos dolientes no estaban allí para dar consuelo. Estaban allí para aniquilar la fe e impedir que se produjera la resurrección.

Tal vez los *dolientes* en nuestra vida sean personas, o tal vez solo sean las voces de nuestro propio intelecto y lógica. Son cualquier cosa que desafíe nuestra fe al creer en la resurrección de lo que ha muerto. Debemos tratar con ellos como lo hizo Jesús. ¡Él los echó! No les dio espacio. Samuel, como profeta de Dios, tuvo que enfrentarse a su propio *luto*. Saúl, al que había ungido para ser rey, había perdido la unción por su propia decepción. Por lo tanto, Dios lo había rechazado. Lo encontramos en 1 Samuel 16.1. Dios tuvo que motivar a su profeta para que saliera del luto y se levantara de nuevo en la unción.

> *Dijo Jehová a Samuel: «¿Hasta cuándo llorarás a Saúl, habiéndolo yo desechado para que no reine sobre Israel? Llena tu cuerno de aceite, y ven, te enviaré a Isaí de Belén, Porque de sus hijos me he provisto de rey».*

El luto estaba haciendo que Samuel no cumpliera con sus deberes ordenados por Dios y con lo que el Señor necesitaba que hiciera. El Señor le dijo que era el momento de levantarse y liberar la unción de nuevo. A medida que creemos en la resurrección, ¡es hora de que dejemos de lamentarnos y de permitir que los dolientes en nuestra vida aniquilen la fe! Debemos levantarnos, llenar nuestro cuerno de aceite y partir. En esencia, esto era lo que hacía Jesús cuando sacaba a los dolientes. Estaba declarando que no se les permitiría determinar lo que iba a pasar o no iba a pasar. Jesús entendía cosas que ellos no entendían. El espíritu que estaba sobre ellos para detener esta resurrección iba a ser humillado y puesto en su lugar.

Jesús trató con agresividad este asunto y no permitió su funcionamiento. También nosotros debemos, con agresividad espiritual, echar a todos los dolientes. No se puede permitir que formen el sistema de creencias, la atmósfera o cualquier otra cosa que nos impida creer. Jesús sólo permitió que Pedro, Santiago y Juan, con el padre y la madre de la niña, entraran en el lugar donde yacía el cuerpo. La perspectiva de Jesús era que la chica solo estaba dormida. Simplemente había venido a despertarla.

Permítame una explicación: Personalmente no me adhiero a la enseñanza del *sueño del alma*. No soy un experto, pero tengo entendido que se propaga el pensamiento de que cuando morimos entramos en un lugar de sueño del alma muy parecido a lo que experimentamos cuando dormimos de forma natural ahora. Es la idea de que estamos en un lugar de semiinconsciencia. Lo siguiente que sabremos es cuando seamos despertados en la resurrección final. Sin embargo, esto no concuerda con otras escrituras. Por ejemplo, si este es el caso de los que han muerto, ¿por qué tenemos la *nube de testigos* funcionando actualmente en el cielo? Deberían estar *durmiendo* en algún lugar. No lo están. Están en el cielo dando testimonio ante el Señor a través de sus palabras e intercesión. Además, se nos dice en 2 Corintios 5.6–8 que cuando estamos ausentes del cuerpo, estamos presentes con el Señor.

> *Así que vivimos confiados siempre, y sabiendo que entre tanto que estamos en el cuerpo, estamos ausentes del Señor (porque por fe andamos, no por vista); Pero confiamos, y más quisiéramos estar ausentes del cuerpo, y presentes al Señor.*

Nada de esto insinuaría la idea del sueño del alma. Cuando Jesús dijo que iba a despertarla porque solo estaba durmiendo, no se refería a eso. Aludía al hecho de que resucitar a los muertos era un acto tan sencillo como despertar a una persona del sueño. A veces, hacemos lo sobrenatural mucho más difícil de lo que realmente es. La unción y la autoridad con la que Jesús caminó mientras estuvo en la tierra le permitió traer vida de resurrección. No fue difícil ni complicado. ¡Fue tan fácil como despertar a alguien o algo del sueño!

Como se dijo anteriormente, la atmósfera es muy importante para que fluya lo sobrenatural y el poder de la resurrección de Jesús. Por eso, Jesús tomó el control del entorno. Echó a los dolientes que se burlaban y lo menospreciaban. Llevó a un grupo selecto a la sala donde ocurriría la resurrección. Aunque estos no eran perfectos en su fe, estaban dispuestos a aprender y creer. Debemos saber que la fe perfecta no es necesaria para que veamos su poder de resurrección. La fe no es la ausencia de preguntas o incluso de miedo. Es una elección para no permitir que las preguntas y el miedo dominen o determinen las acciones. A veces, la fe es moverse de acuerdo con el Señor y Su palabra en *medio* de nuestro miedo y preguntas. Toda la cuestión es la voluntad de creer y la elección de obedecer. Jesús aprovechó esta oportunidad para *formar a* sus discípulos. Más tarde, se utilizarían también para resucitar a los muertos. Lo que presenciaron y aprendieron de estos momentos les sería de gran valor en tiempos venideros.

Cuando entraron en la habitación donde estaba el cadáver de esta niña, la Biblia dice que Jesús dijo: «*Muchacha, levántate*». La palabra *levantarse* es la palabra griega *egeiro*. Es la idea de *despertar a alguien*. Significa *recuperar la consciencia*. Jesús simplemente pronunció la palabra en la atmósfera de la fe y la niña *despertó*. Un susurro de Jesús puede devolver las cosas muertas a la vida. Cuando oigamos su voz, lo que está muerto volverá a vivir. Juan 5.25 nos da este principio.

> *De cierto, de cierto os digo: Viene la hora, y ahora es, cuando los muertos oirán la voz del Hijo de Dios; y los que la oyeren vivirán.*

Jesús habló de la resurrección postrera de los muertos al final de la era. Sin embargo, el principio es el mismo. Las cosas muertas vuelven a la vida cuando se oye la voz del Señor. Escuchar su voz disipa el miedo, la duda, la incredulidad, las preguntas y cualquier otra cosa que nos obstaculice. Cuando escuchamos su voz, los sueños vuelven a cobrar vida. Las relaciones se pueden curar. Los futuros pueden restablecerse. Su voz tiene el poder de dar vida a todo lo que sea que ha muerto previamente. Cuando Jesús habló a esta niña y le dijo que se despertara, la vida de la resurrección fluyó en ella inmediatamente. Su voz da vida a lo que está muerto.

Señor, al presentarnos ante tus Tribunales, te pedimos que las cosas muertas vuelvan a vivir. Señor, tomo el control de mi atmósfera. Me arrepiento de haber permitido que los «dolientes» determinen mi atmósfera. Extraigo y elimino estos de todos y cada uno de los lugares de influencia. Declaro ante Tus Tribunales que, incluso en mi fe imperfecta, Tú, Señor, llevarás a cabo Tu vida de resurrección. Te pido que tu palabra entre en mi corazón. Te pido que tu voz haga revivir lo que está muerto en mi vida. Señor, permite que los sueños, las pasiones, la visión, las relaciones, la restauración y cualquier otra cosa vuelvan a vivir en el nombre de Jesús. Que mi fe hable ante Ti cuando creo en el susurro de Tu voz y no en los gritos del miedo. Deja que dé testimonio en Tus Tribunales para que todo lo que está escrito en mi libro se cumpla en el Nombre de Jesús, amén.

Capítulo 6

LAS LÁGRIMAS QUE HABLAN

Otra resurrección registrada que Jesús realizó fue la resurrección del hijo de una viuda en el pequeño pueblo de Naín. Lucas 7.11–17 nos da el relato de esta resurrección.

> *Aconteció después, que él iba a la ciudad que se llama Naín, e iban con él muchos de sus discípulos, y una gran multitud. Cuando llegó cerca de la puerta de la ciudad, he aquí que llevaban a enterrar a un difunto, hijo único de su madre, la cual era viuda; Y había con ella mucha gente de la ciudad. Y cuando el Señor la vio, se compadeció de ella, y le dijo: «No llores». Y acercándose, tocó el féretro; y los que lo llevaban se detuvieron. Y dijo: «Joven, a ti te digo, levántate». Entonces se incorporó el que había muerto, y comenzó a hablar. Y lo dio a su madre.*
>
> *Y todos tuvieron miedo, y glorificaban a Dios, diciendo: «Un gran profeta se ha levantado entre nosotros»; y: «Dios ha visitado a su pueblo». Y se*

extendió la fama de él por toda Judea, y por toda la región de alrededor.

Lo primero que llama la atención de esta resurrección es el lugar donde ocurrió. Naín no era un lugar grande ni significativo. Estaba fuera de los caminos recorridos. De hecho, Naín era *una pequeña aldea agrícola en tiempos de Jesús,* enclavada contra el monte Moreh, que definía el lado oriental del Valle de Jezreel. La ciudad en sí misma estaba fuera de los caminos recorridos. El acceso a la misma estaba limitado a una única carretera. Muchas veces, nos sentimos insignificantes, olvidados y nada importantes. Nos preguntamos si alguien sabe que estamos vivos o siquiera existimos. Sin embargo, Jesús fue a este pequeño pueblo de Naín. Jesús consideró este lugar lo suficientemente importante como para visitarlo con su presencia y con su poder. Si estás luchando con la insignificancia y te preguntas si el Señor te prestaría atención, la respuesta es sí. Jesús respondió a esta pregunta molestándose en ir a Naín. Apareció en este lugar apartado en el momento justo.

He descubierto que el Señor se siente especialmente atraído por los que se sienten menos que los demás. A Jesús le encanta llegar a los que se sienten excluídos y aislados porque hay algo en ellos muy especial para él. Esta es su naturaleza hacia nosotros. A los que son descartados por los demás, Jesús va a recuperarlos. A los que son abandonados por otros, Jesús los elige para que sean suyos. A los que son rechazados por los demás, Jesús los atrae hacia sí. Mi advertencia sería que permitas que tu quebranto te impulse hacia el Señor. No te desechará. En realidad, te prefiere a ti antes que a los que se creen importantes. Lo vemos en Lucas 18.9–14.

> *A unos que confiaban en sí mismos como justos, y menospreciaban a los otros, dijo también esta parábola: «Dos hombres subieron al templo a orar: uno era fariseo, y el otro publicano. El fariseo, puesto en pie, oraba consigo mismo de esta manera: "Dios, te doy gracias porque no soy como los otros hombres, ladrones, injustos, adúlteros, ni aun como este publicano; ayuno dos veces a la semana, doy diezmos de todo lo que gano". Mas el publicano, estando lejos, no quería ni aun alzar los ojos al cielo, sino que se golpeaba el pecho, diciendo: "Dios, sé propicio a mí, pecador". Os digo que éste descendió a su casa justificado antes que el otro; porque cualquiera que se enaltece, será humillado; y el que se humilla será enaltecido».*

El que fue justificado ante el Señor fue el que vio su necesidad. Pidió misericordia y redención. El que se creyó digno de algo fue ignorado por Dios. El Señor se siente atraído por los oprimidos y por aquellos que incluso se sienten indignos de su amor. Le encanta acercarse a ellos y reconocerlos con su aceptación y cuidado. Esto explicaría por qué, cuando Jesús estaba entrando en el pueblo y vio la procesión funeraria, se compadeció de la viuda. Sus lágrimas lo conmovieron. Debemos saber que las lágrimas tienen un gran peso en los Tribunales del Cielo. Job 16.19-21 muestra que nuestras lágrimas dan testimonio en los Tribunales del Cielo.

> *Mas he aquí que en los cielos está mi testigo, Y mi testimonio en las alturas. Disputadores son mis amigos; Mas ante Dios derramaré mis lágrimas. ¡Ojalá pudiese disputar el hombre con Dios, como con su prójimo!*

Job está afirmando que las lágrimas que brotaban de sus ojos eran parte del testimonio y la evidencia que se presentaba en lo alto. Nuestras lágrimas tienen un gran peso en los Tribunales del Cielo. Job era consciente de ello y habló de ello al presentar su caso ante el Señor. El resultado final es que fue justificado y recibió el doble de todo lo que perdió. Job 42.10 muestra que mientras Job oraba por sus amigos y el testimonio de todo lo demás que había presentado ante el Señor, Dios emitió un veredicto a su favor. Se le devolvió todo lo perdido y mucho más. Se le concedió una indemnización por daños punitivos, así como la restitución de todas las cosas.

> *Y quitó Jehová la aflicción de Job, cuando él hubo orado por sus amigos; y aumentó al doble todas las cosas que habían sido de Job.*

Hay ocasiones en las que el Señor nos concederá una indemnización por daños punitivos por nuestro dolor y sufrimiento. En otras palabras, todo lo que pasamos, se nos recompensará. Si nos mantenemos fieles al Señor durante los tiempos de prueba, todas nuestras lágrimas lloradas durante ese tiempo hablarán en nuestro favor. Dios se acordará de nosotros y nos recompensará en consecuencia. En realidad, Isaías 61.7 muestra al Señor prometiendo el doble por todo lo que se perdió y la vergüenza que se soportó.

> *En lugar de vuestra doble confusión y de vuestra deshonra, os alabarán en sus heredades; Por lo cual en sus tierras poseerán doble honra, y tendrán perpetuo gozo.*

Estas son las indemnizaciones por daños punitivos. Los daños punitivos se definen como *daños que superan la simple indemnización y se conceden para castigar al demandado*. Cuando el Señor nos recompensa por daños punitivos, no solo nos está recompensando por la fidelidad en lugares difíciles, ¡está castigando al diablo! Esto es lo que la viuda de Lucas 18.1–3 pidió al juez. Pide que se dicte una resolución *contra* su adversario.

> *También les refirió Jesús una parábola sobre la necesidad de orar siempre, y no desmayar, diciendo: «Había en una ciudad un juez, que ni temía a Dios, ni respetaba a hombre. Había una viuda en aquella*

ciudad, y se acercó a él diciendo: «Hazme justicia de mi adversario».

Notemos que ella solicitó y pidió a este tribunal que hiciera pagar a su adversario. Dijo: *«Hazme justicia de mi adversario»*. Cuando agradamos al Señor y nuestras lágrimas hablan, Jesús se compadece de nosotros. Él puede emitir un veredicto a nuestro favor que permite no solo la restauración, sino los daños punitivos del diablo, y así hará. El diablo se ve obligado a entregar lo que ha robado y mucho más. Deberíamos pedir al Tribunal del Cielo en relación con esto y pedir que nuestras lágrimas hablen y se emitan veredictos para nosotros y lo que amamos.

> Al presentarme ante Tus Tribunales, Señor, te pido que te compadezcas de mis lágrimas. Que mi fidelidad en los momentos difíciles hable ante Ti. Que mis lágrimas sean «escuchadas» en Tus Tribunales. Trae la restauración y la resurrección a mi vida. Todo lo que se ha perdido, Señor, restáuralo. Señor, te pido que todo lo que el diablo me ha robado, ahora se le exija que lo devuelva. También solicito que se me concedan daños punitivos. No solo hazle devolver lo que me quitó, sino hazle pagar al menos el doble, según tu palabra. Oblígale, mi Señor, a devolver todo lo que arrebató y mucho más. Que encuentre favor en Tu Corte mientras

mis lágrimas hablan y dan testimonio ante Ti. En el nombre de Jesús, amén.

Como dijimos antes, cuando Jesús entraba en esta ciudad, se encontró con un cortejo fúnebre. Jesús detuvo la procesión. Esta es una imagen del poder de Jesús para detener el *proceso de la muerte*. Sabemos que antes de que esto termine, el hombre muerto será resucitado. Muchas veces, hay un proceso de muerte que está trabajando en nosotros. La enfermedad, el malestar, la depresión, la desesperanza, la desesperación y otras cosas nos roban la vida. Se nos dice que el enemigo es un ladrón en Juan 10.10.

El ladrón no viene sino para hurtar y matar y destruir; yo he venido para que tengan vida, y para que la tengan en abundancia.

Como el *ladrón*, satanás viene a robar, matar y destruir. Sin embargo, Jesús es el que trae la vida y la vida con abundancia. Robar, matar y destruir es el *proceso de la muerte*. Tal vez te sientas como si estuvieras atrapado en el *proceso de muerte del diablo*. Jesús es el que te sacará de este lugar y te devolverá a Su vida. Esto es lo que Él hizo por este hombre en el ataúd. Detuvo el *proceso de muerte* y devolvió la vida.

Lo primero que hizo Jesús para detener este proceso de muerte y traer la resurrección fue hablarle a la mujer desde su compasión. Le dijo que *no llorara*. El hecho de que Jesús le dijera *que no llorara* fue el primer indicio de que estaba a punto de producirse un milagro de resurrección. También hablaba del hecho de que sus lágrimas habían tocado algo en el cielo y, por lo tanto, el tiempo del llanto había terminado. ¿Recuerdas que en Apocalipsis 5.4–5 se le dijo a Juan que no llorara más?

> *Y lloraba yo mucho, porque no se había hallado a ninguno digno de abrir el libro, ni de leerlo, ni de mirarlo. Y uno de los ancianos me dijo: «No llores». He aquí que el León de la tribu de Judá, la raíz de David, ha vencido para abrir el libro y desatar sus siete sellos.*

Las lágrimas de Juan fueron suficientes. Creo que sus lágrimas apostólicas coincidían con el sacrificio de Jesús como Cordero y ahora León de la tribu de Judá. Bastaba con que los libros estuvieran abiertos para que se cumpliera lo que el cielo deseaba. Es necesario que haya lágrimas de intercesión. Una vez que estas lágrimas son suplidas bajo los gemidos del Espíritu de Dios (a los que llegaremos más adelante) no hay más necesidad de lágrimas. Cuando Jesús le dijo a la mujer que no llorara más, estaba declarando que las lágrimas eran suficientes. El cielo había escuchado y la evidencia de sus lágrimas había tocado el trono.

De hecho, llorar a partir de cierto punto puede ser contraproducente. Lo que puede comenzar como un verdadero ámbito de intercesión, puede convertirse en un lugar de profundo dolor y pena. Esto no hace ningún bien a nadie. En Eclesiastés 3.1 y 4 se nos dice que hay un tiempo para todo.

> *Todo tiene su tiempo, y todo lo que se quiere debajo del cielo tiene su hora.*
> *Tiempo de llorar, y tiempo de reír; tiempo de endechar, y tiempo de bailar.*

Debemos reconocer el momento en que nos encontramos. De lo contrario, no obtendremos ningún beneficio de nuestra actividad. Hebreos 6.1–3, nos dice que hay un tiempo para seguir adelante. Si nos quedamos atascados en un lugar de llanto demasiado tiempo, nos hará perder el verdadero destino de Dios. El llanto es un aspecto necesario de la actividad del Tribunal. Sin embargo, una vez que es suficiente, hay que seguir adelante.

> *Por tanto, dejando ya los rudimentos de la doctrina de Cristo, vamos adelante a la perfección; no echando otra vez el fundamento del arrepentimiento de obras muertas, de la fe en Dios, de la doctrina de bautismos, de la imposición de manos, de la resurrección de los muertos y del juicio eterno. Y esto haremos, si Dios en verdad lo permite.*

Debemos *dejar* algo y seguir adelante. Una de las cosas que debemos *dejar* es el arrepentimiento de las obras muertas. Este es un lugar de llanto. Hay un momento en que nuestro arrepentimiento es suficiente. Ya no necesitamos arrepentirnos más. Si nos quedamos en este lugar, será contraproducente. Se nos impedirá avanzar hacia el pleno destino y propósito de Dios. Nota que debemos dejar la *discusión*. No es que abandonemos la verdad del arrepentimiento. Sino que lo usamos como plataforma para impulsarnos hacia lo siguiente que Dios tiene para nosotros. De lo contrario, nos quedamos atascados en un lugar perpetuo de arrepentimiento y llanto que no nos permitirá seguir adelante. Invariablemente, desarrollaremos una perspectiva poco saludable de lo que somos y no nos veremos como la justicia de Dios en Cristo Jesús. Jesús le dijo a esta mujer que *dejara de llorar*. Algo sorprendente y maravilloso estaba a punto de suceder.

Lo nuevo que ocurre es que Jesús toca el ataúd y detiene la procesión. En este punto, el proceso de muerte se detiene. El significado de que Jesús *toque* el féretro no puede pasar desapercibido. Según la ley judía, cualquiera que toque algo relacionado con la muerte queda impuro durante siete días. Números 19.11 da este dictado.

> *El que tocare cadáver de cualquier persona será inmundo siete días.*

Cuando Jesús tocó este ataúd abierto, esto lo habría hecho impuro, según la ley judía. Sin embargo, Jesús operaba desde un lugar más elevado. No tenía miedo de que la muerte lo tocara. Entendió, como hombre del Nuevo Testamento, que la muerte no lo contaminaba a Él —¡Él destruyó y deshonró a la muerte! ¡Lo que había en Él era más fuerte y más grande que la propia muerte! Si vamos a operar en el poder de la resurrección, debemos creer y saber que *es mayor el que está en mí que el que está en el mundo.* Tenemos el poder de someter a la muerte, no de que la muerte nos someta a nosotros. Al tocar este ataúd abierto, Jesús estaba haciendo esta declaración.

Por favor nota que cuando Jesús *tocó* el ataúd abierto, los que lo llevaban se quedaron quietos. El toque de Jesús detendrá el proceso de la muerte, como hemos dicho. Sin embargo, una vez que el proceso de muerte se detiene, la vida de la resurrección todavía tiene que fluir. Entonces Jesús habló y despertó al joven. Al igual que a la niña, le dijo al joven: «*Levántate*». Se trata de la misma palabra griega *egeiro*. De nuevo, significa: *despertar y recoger los sentidos*. Vemos que la vida de resurrección que fluye es un despertar que tiene lugar. Nos despertamos con un nuevo *sentido*. Nos damos cuenta de lo que antes no estábamos conscientes. Este es el poder de la resurrección del Señor fluyendo en nosotros. Comenzamos a vivir la vida desde un lugar fresco de revelación. Esta es la vida de la resurrección. Jesús ha hablado y nosotros hemos cobrado vida.

Se nos dice que este joven se incorporó y comenzó a hablar. La palabra *hablar* en el griego es *laleo*. Significa *hablar, pronunciar palabras, predicar*. Este joven que había experimentado la resurrección de Jesús, comenzó a predicar revelación a partir de su experiencia. Había visto el otro reino, y estoy seguro de que anunció la gloria de Dios. Cuando experimentemos la vida de resurrección, nuestro mensaje cambiará. Se llenará de la gloria de Dios y de su majestad y amor.

Hace muchos años, tuve el privilegio de formar parte de una iglesia en la que había muerto un médico de urgencias que era creyente. Tuvo un ataque al corazón de repente, murió y fue al cielo, donde vio cosas gloriosas. Fue reanimado y volvió a su cuerpo. Era uno de los hombres más apacibles con los que he estado. Contó el amor que experimentó en ese lugar llamado el cielo. Según él mismo, lo cambió drásticamente. También dijo que hubo otras cosas que vio y que el cielo le prohibió contar. Eran indescriptibles. Lo que quiero decir es que su mensaje cambió. Había encontrado *el amor* él mismo. Estoy seguro de que cuando este joven que Jesús resucitó se incorporó y habló, lo hizo desde su encuentro. Que tengamos tal encuentro con Su vida de resurrección que también nosotros seamos cambiados para la vida en esta tierra.

Lo último que se nos dice de este joven es que Jesús se *lo presentó* vivo a su madre. Esta madre debió sentir una alegría tan grande al ver que el hijo que creía desaparecido se le presentaba vivo. En lugar de volver a casa sola, ahora lo hacía con su hijo vivo, todo porque se habían encontrado y cruzado con Jesús en la puerta de la ciudad.

Su vida de resurrección había restaurado lo que parecía estar perdido permanentemente.

Jesús desea devolvernos lo que podría parecer haber desaparecido para siempre. Él es el Dios de la resurrección. Creámosle y apelemos a los Tribunales del Cielo por esta realidad.

> Al presentarme ante Tus Tribunales, Señor, te agradezco que de Ti fluye tal vida que sobrepasa toda forma de muerte. Lo que podría parecer perdido para siempre, Tú Señor eres capaz de resucitarlo y restaurarlo. Te agradezco que hablas y tu voz hace que lo que está muerto vuelva a vivir. Así como resucitaste al hijo de la viuda, así dices «levántate» a lo que ha muerto en mi vida y lo haces vivir. Al igual que el futuro de la viuda no era vivir sin su hijo, te agradezco que mi futuro no sea vivir sin lo que es precioso para mí y de Ti. Haz que tu resurrección fluya, te lo ruego, mientras solicito a este Tribunal. Que Tu Nombre sea glorificado y que Tú seas elevado mientras la vida de resurrección fluya en y a través de mí. En el nombre de Jesús, amén.

Capítulo 7

QUITAR LA PIEDRA

Una de las resurrecciones más destacadas del ministerio de Jesús fue el levantar a Lázaro de la muerte. Esto marcó el tono de la propia muerte de Jesús debido al impacto de esta resurrección. Lázaro llevaba cuatro días muerto y en la tumba. Los judíos creían que el espíritu de quien moría permanecía en el reino de la tierra durante tres días después de la muerte. Habrían creído que, habiendo estado muerto durante cuatro días, el espíritu de Lázaro habría partido ahora hacia la eternidad. En muchos niveles, esto hizo que la resurrección de Lázaro fuera la más grande del ministerio de Jesús. Juan 11.41–44 relata la resurrección de Lázaro de entre los muertos.

Entonces quitaron la piedra de donde había sido puesto el muerto. Y Jesús, alzando los ojos a lo alto, dijo: «Padre, gracias te doy por haberme oído. Yo sabía que siempre me oyes; pero lo dije por causa de la multitud que está alrededor, para que crean que

> *tú me has enviado». Y habiendo dicho esto, clamó a gran voz: «¡Lázaro, ven fuera!» Y el que había muerto salió, atadas las manos y los pies con vendas, y el rostro envuelto en un sudario. Jesús les dijo: «Desatadle, y dejadle ir».*

La resurrección de Lázaro fue tan fenomenal que fue la gota que derramó el vaso de los líderes religiosos y su agenda en contra de Jesús. Juan 11.45-53 muestra que estaban convencidos de que no podían permitirle seguir funcionando. Tenían tanto miedo de Su influencia sobre el pueblo que su única solución era darle muerte.

> *Entonces muchos de los judíos que habían venido para acompañar a María, y vieron lo que hizo Jesús, creyeron en él. Pero algunos de ellos fueron a los fariseos y les dijeron lo que Jesús había hecho. Entonces los principales sacerdotes y los fariseos reunieron el concilio, y dijeron: «¿Qué haremos? Porque este hombre hace muchas señales. Si le dejamos así, todos creerán en él; y vendrán los romanos, y destruirán nuestro lugar santo y nuestra nación».*
>
> *Entonces Caifás, uno de ellos, sumo sacerdote aquel año, les dijo: «Vosotros no sabéis nada; ni pensáis que nos conviene que un hombre muera por el pueblo, y no que toda la nación perezca». Esto no lo dijo por sí mismo, sino que como era el sumo sacerdote aquel año, profetizó que Jesús había de morir por la*

nación; y no solamente por la nación, sino también para congregar en uno a los hijos de Dios que estaban dispersos.

Así que, desde aquel día acordaron matarle.

La resurrección de Lázaro puso en marcha el intento final de la jerarquía religiosa de matar a Jesús. Como nota al margen, es bastante interesante que Caifás, que era sumo sacerdote y sin embargo un hombre malvado, *profetizara*. Esto se debe a que el *cargo* que ocupaba tenía una unción en él, fuera o no piadoso. Es posible funcionar bajo la unción y el propósito de Dios, incluso sin su aprobación. Esto es algo peligroso. Puede convencer a una persona de que está *bien con Dios* cuando las cosas no van bien. Tal vez esta es la razón por la que el Señor dijo que habría aquellos en el día del juicio que no entrarían en la vida eterna. Mateo 7.21–23 hace una crónica de esta idea.

No todo el que me dice: «Señor, Señor», entrará en el reino de los cielos, sino el que hace la voluntad de mi Padre que está en los cielos. Muchos me dirán en aquel día: «Señor, Señor, ¿no profetizamos en tu nombre, y en tu nombre echamos fuera demonios, y en tu nombre hicimos muchos milagros?» Y entonces les declararé: «Nunca os conocí; apartaos de mí, hacedores de maldad».

No pongo en duda que estas personas realmente funcionaran con señales, maravillas y lo sobrenatural en algún nivel. Tal vez Dios honró la posición que ocupaban. Sin embargo, a nivel personal, no eran piadosos y practicaban la maldad. Esto se aplica a Caifás, que profetizó la muerte de Jesús no como un hombre piadoso, sino como alguien que ocupaba el cargo de sumo sacerdote en su época. Todo esto se produjo por la resurrección de Lázaro. El propósito divino de Dios de impulsar a Jesús a la cruz fue facilitado por la resurrección de Lázaro. Se nos dice en Hechos 4.27–28 que fue el consejo predeterminado de Dios que Jesús muriera. La resurrección de Lázaro fue una parte de los medios que Dios utilizó para lograrlo.

> *Porque verdaderamente se unieron en esta ciudad contra tu santo Hijo Jesús, a quien ungiste, Herodes y Poncio Pilato, con los gentiles y el pueblo de Israel, para hacer cuanto tu mano y tu consejo habían antes determinado que sucediera.*

La mano del Señor determinó antes lo que debía hacerse con respecto a la muerte de Jesús por todas las personas. La resurrección de Lázaro formaba parte de este plan. Por eso, cuando Lázaro estaba enfermo, Jesús se demoró hasta que murió. En lugar de ir a sanarlo cuando le avisaron de su enfermedad, Jesús lo dejó morir, según Juan 11.4–6.

> *Oyéndolo Jesús, dijo: «Esta enfermedad no es para muerte, sino para la gloria de Dios, para que el Hijo de Dios sea glorificado por ella».*
>
> *Y amaba Jesús a Marta, a su hermana y a Lázaro. Cuando oyó, pues, que estaba enfermo, se quedó dos días más en el lugar donde estaba.*

Es bastante sorprendente la forma en que las Escrituras expresan las cosas aquí. Afirman lo mucho que Jesús amaba a la familia. Sin embargo, cuando se enteró de que Lázaro estaba enfermo, se quedó dos días más donde estaba. En lugar de apresurarse a sanar a Lázaro, esperó. A veces nos preguntamos *por qué* Jesús no se mueve por nosotros. ¿Por qué el retraso? Puede ser que se vaya a lograr algo más grande. Cuando Jesús dijo que el Hijo de Dios sería glorificado *por ella*, esto no estaba hablando solo de la resurrección. Al decir que Jesús sería *glorificado*, se trata de su ida a la cruz y su propia resurrección final. Lo sabemos por Juan 12.20–24. Cuando los griegos vinieron y quisieron ver a Jesús, Él supo que había llegado el momento de ofrecerse por *toda la* humanidad. No solo fue enviado a los judíos. Fue enviado por los pecados y las personas del mundo entero.

> *Había ciertos griegos entre los que habían subido a adorar en la fiesta. Estos, pues, se acercaron a Felipe, que era de Betsaida de Galilea, y le rogaron, diciendo: «Señor, quisiéramos ver a Jesús».*

> *Felipe fue y se lo dijo a Andrés; entonces Andrés y Felipe se lo dijeron a Jesús.*
>
> *Jesús les respondió diciendo: «Ha llegado la hora para que el Hijo del Hombre sea glorificado. De cierto, de cierto os digo, que si el grano de trigo no cae en la tierra y muere, queda solo; pero si muere, lleva mucho fruto».*

Claramente, la declaración de Jesús sobre ser *glorificado* era una referencia a que sería levantado en la cruz. Así que cuando dijo que Lázaro estaba enfermo, pero esto era para que el Hijo de Dios fuera glorificado, estaba hablando de su crucifixión. Sabía que esto sería utilizado para impulsarlo hacia la voluntad y el consejo predeterminados de Dios. Simplemente *se mantuvo al margen* hasta que se pusiera en orden lo que el Padre había dispuesto.

¿Cuántas veces hemos estorbado lo que Dios ha dispuesto? Jesús podría haberse dejado llevar por la compasión humana y haber corrido al lado de Lázaro. Esto habría trastornado completamente la voluntad y la intención de Dios. Sin embargo, Jesús, siendo sensible al Espíritu Santo, esperó y se demoró para que se hiciera lo que debía ponerse en marcha. Esto permitió que se cumpliera el propósito de Dios. Debemos darle al Señor el espacio y el tiempo para que disponga las cosas para que se cumplan sus propósitos. Debemos arrepentirnos de cualquier lugar en el que hayamos interrumpido el deseo de Dios a través de nuestras propias estrategias humanas, emociones e interferencias.

> Señor, al presentarme ante Tus Tribunales y en Tu sistema judicial, humillo mi corazón ante Ti. Te pido que yo sea sensible y permita que se cumpla Tu deseo, incluso cuando mis propias emociones humanas puedan desear otra cosa. Me arrepiento de cualquier interferencia con Tu plan y pasión. Límpiame, Señor, de precipitarme donde debería detenerme y esperar. Te pido que pueda vivir mi vida de acuerdo con Tu intención y no con la mía. Que quede constancia en Tus Tribunales de que esta es mi pasión. Que esto hable ante Ti en mi nombre, En el nombre de Jesús, amén.

Cuando Jesús llegó a la tumba de Lázaro, hubo un proceso que se llevó a cabo para lograr la resurrección. Podemos deducir de este proceso que podríamos ver el poder de la resurrección fluir en nosotros y a través de nosotros también. Lo primero que hizo Jesús para resucitar a Lázaro fue transferir a Marta de la *esperanza a la fe*. Al encontrarse con Jesús, la afligida Marta, hermana de Lázaro, expresó su confianza en que nada es imposible para Jesús. Juan 11.21-24 muestra a Marta haciendo una declaración que aludiría al hecho de que, aunque Lázaro estaba muerto, había algo que Jesús aún podía hacer.

> Y Marta dijo a Jesús: «Señor, si hubieses estado aquí, mi hermano no habría muerto. Mas también sé ahora que todo lo que pidas a Dios, Dios te lo dará».
>
> Jesús le dijo: «Tu hermano resucitará».
>
> Marta le dijo: «Yo sé que resucitará en la resurrección, en el día postrero».

Este diálogo siempre me ha intrigado. En un momento, pareciera que Marta está expresando su esperanza y confianza en que incluso ahora Jesús puede resucitar a Lázaro. Sin embargo, acto seguido, cuando Jesús confirma que Lázaro será resucitado, ella afirma que solo ocurrirá en la resurrección de los muertos en el último día. Claramente se está debatiendo y en una profunda lucha con su fe. Esto se parece tanto a nosotros. Queremos creer, pero la lógica y la realidad de la situación lo hacen parecer imposible. Esto es lo que Jesús va a tratar en Marta. Como hermana mayor, es la matriarca y debe ponerse de acuerdo con Jesús para que se produzca este milagro. En primer lugar, Marta debe pasar de la esperanza en el futuro a la fe vital en el momento. La esperanza, por su naturaleza, es una confianza en lo que Dios hará en el futuro. Todos tenemos esto y nos reconforta mucho. La fe, en cambio, es la confianza en lo que Dios hará en el momento presente y nuestro acuerdo con ello. Permíteme mostrarte un par de escrituras. Romanos 8.24–25 es una muy buena referencia para la naturaleza de la esperanza.

> *Porque en esperanza fuimos salvos; pero la esperanza que se ve, no es esperanza; porque lo que alguno ve, ¿a qué esperarlo? Pero si esperamos lo que no vemos, con paciencia lo aguardamos.*

Observa que la esperanza crea una perseverancia, mientras esperamos que se manifieste la plenitud de la promesa. Esto es impresionante. Necesitamos esperanza. Sin embargo, la esperanza no es la dimensión en la que se producen los milagros. Los milagros ocurren por medio de la fe. Recuerda que la esperanza es creer en lo que sucederá en el futuro. Aquí es donde estaba Martha. En el mejor de los casos, vacilaba entre la esperanza y la fe. En un momento, estaba diciendo que sabe que Dios haría por Jesús todo lo que Él le pidiera. Esto era fe. Al momento siguiente, volvía a la posición de esperanza declarando que su hermano resucitaría en el último día, que está en el futuro. Debemos pasar de la esperanza a la fe. Hebreos 11.1 y 6 nos dice lo que la fe *es*.

> *Es, pues, la fe la certeza de lo que se espera, la convicción de lo que no se ve.*
>
> *Pero sin fe es imposible agradar a Dios; porque es necesario que el que se acerca a Dios crea que le hay, y que es galardonador de los que le buscan.*

En estos dos versículos, la fe se describe en tiempo presente. La fe *es* la posesión de lo que esperamos. Esto significa que la verdadera fe surge en realidad del ámbito de la esperanza. Por eso es necesaria la esperanza. Nunca podremos tener verdadera fe en el momento, si no estamos llenos de esperanza. Martha tenía esto, al menos. He visto a muchas personas que han perdido la esperanza. No hay manera de que operen con verdadera fe para que la resurrección llegue a la situación que estén viviendo.

Durante mis años pastorales, di consejo a muchos matrimonios. Fue algo que hice como pastor. Una pareja vino a mi consulta con grandes problemas. El marido tenía serios problemas de control. Lo que quiero decir con esto es que a través de la manipulación emocional —que incluía arrebatos de ira, mal humor, echando culpas y otros medios —dominaba a su mujer. Esto había estado sucediendo durante años. A lo largo de los años habían tratado de solucionarlo, pero nada cambiaba.

Esta última vez, estaban sentados en mi oficina. Buscaba aportar algún consejo que alterara lo que parecía inevitable. Dije todo lo que sabía que debía decir, y luego sugerí que oráramos. Cuando me levanté y puse mis manos sobre ambos, nunca olvidaré lo que inmediatamente sentí y supe de forma profética. Al poner mi mano izquierda sobre ella y mi mano derecha sobre él, sentí su desesperación. Ella no tenía ni un ápice de confianza en que algo fuera a cambiar jamás. Yo podía *sentirlo* fluir de ella. Oré todo lo que sabía orar para tratar de despertar algo en su alma que encendiera una pasión en ella por su marido. No pasó nada. Salieron de mi oficina y poco después se divorciaron. La desesperanza que había en ella no dejaba lugar a ninguna confianza en el futuro, y mucho menos a que brotara la fe presente. No había manera de moverla a la fe porque no había esperanza en ella para que surgiera.

La fe *es* la sustancia de lo que esperamos. De nuestra esperanza puede surgir la fe. Hebreos 11.6 declara que para llegar a Dios, debemos creer que Él *es*. Esto no solo significa que Él existe. Significa que tenemos una revelación presente de Dios. Esto nos permite llegar a Él. Él *es* y Él *es* el que recompensa una búsqueda diligente de Él. Lo que motiva esto es una verdadera fe en el tiempo presente. Tenemos una revelación de Dios que hace nacer en nosotros la voluntad de arriesgarnos y creerle a Él en el momento. Esto es lo que Jesús intentaba hacer con Marta. Tuvo que pasar de la esperanza a la fe real. Para lograrlo, Jesús le reveló quién era Él. Juan 11.23-25 muestra a Jesús declarando a ella quién era Él actualmente en esta situación.

> *Jesús le dijo: «Tu hermano resucitará».*
>
> *Marta le dijo: «Yo sé que resucitará en la resurrección, en el día postrero».*
>
> *Le dijo Jesús: «Yo soy la resurrección y la vida; el que cree en mí, aunque esté muerto, vivirá.*

Observa que mientras Jesús la lleva de la esperanza a la fe, se revela no como alguien que realiza la resurrección,

¡sino como la resurrección y la vida! Esta revelación y la conciencia de quién es Jesús hace nacer la fe para estar de acuerdo con Él para que ocurra la resurrección. Debemos tener esta revelación para ver la resurrección ocurrir. Es la revelación de quién es Él lo que nos hace pasar del ámbito de la esperanza al de la fe. Nos hace pasar de una simple confianza en Él para el futuro a una confianza actual para que ocurra lo sobrenatural.

Otro aspecto muy importante en esta historia para que ocurra la resurrección es saber que *los gemidos* son necesarios para la resurrección. Juan 11.33 muestra a Jesús gimiendo en el reino espiritual, mientras se prepara para resucitar a Lázaro de entre los muertos.

> *Jesús entonces, al verla llorando, y a los judíos que la acompañaban, también llorando, se estremeció en espíritu y se conmovió,*

El gemido por el que pasó Jesús fue una aflicción en el espíritu. Vemos esto relacionado con la resurrección en Romanos 8.19–23. Se nos dice aquí que el Espíritu Santo crea en nosotros una aflicción y un gemido que resultará en la resurrección de nuestros cuerpos literales de la tumba. Cuando Jesús regrese, seremos resucitados y cambiados como su cuerpo glorioso. Lo que precede a esto son los gemidos de Dios.

Porque el anhelo ardiente de la creación es el aguardar la manifestación de los hijos de Dios. Porque la creación fue sujetada a vanidad, no por su propia voluntad, sino por causa del que la sujetó en esperanza; porque también la creación misma será libertada de la esclavitud de corrupción, a la libertad gloriosa de los hijos de Dios. Porque sabemos que toda la creación gime a una, y a una está con dolores de parto hasta ahora; y no sólo ella, sino que también nosotros mismos, que tenemos las primicias del Espíritu, nosotros también gemimos dentro de nosotros mismos, esperando la adopción, la redención de nuestro cuerpo.

¡Ten en cuenta que es nuestro *gemido* a través del empoderamiento del Espíritu Santo que se asocia con el *gemido* de la creación lo que resulta en la resurrección y la liberación de la creación de su esclavitud! Esto significa que en lo que Dios va a hacer, incluso en el último acontecimiento de la historia, nosotros tenemos un papel que desempeñar. Debemos *gemir* para llamar a realidad esta resurrección de entre los muertos. Por eso vemos a Jesús gimiendo en su espíritu y turbado. ¡Estaba sintiendo la aflicción necesaria para ver la resurrección suceder! Creo que cuanto más nos acerquemos a este acontecimiento principal de la historia, más se intensificará el gemido del Espíritu Santo en nuestras vidas. Cualquier resurrección requiere el gemido del Espíritu Santo a través de nosotros.

Por eso, Romanos 8.26 nos dice que el Espíritu ora a través de nosotros con estos gemidos.

> Y de igual manera el Espíritu nos ayuda en nuestra debilidad; Pues qué hemos de pedir como conviene, no lo sabemos, pero el Espíritu mismo intercede por nosotros con gemidos indecibles.

He experimentado esto muchas veces en mi propia vida de oración. He sentido el gemido de Dios moviéndose a través de mí. Me he dado cuenta de que los gemidos en el Espíritu tienen gran peso y testimonio en los Tribunales del Cielo. El gemido en el Espíritu hará cosas en el Tribunal del Cielo ¡que las palabras nunca podrán hacer!

Tengo un amigo que es un exitoso hombre de negocios. Lo he visto pasar de la nada a ser multimillonario. Lo atribuye al Señor y a sus principios que ha practicado. Un día recibí una llamada de este hombre. Comenzó a contarme que, por un proceso de acontecimientos, había perdido $500.000 dólares. Me dijo que no había dormido durante la noche preocupado por esto y preguntándose qué tenía que hacer. Tenía que rendir cuentas al banco y temía que le reclamaran los pagarés y las deudas que tenía con ellos. No le preocupaba la capacidad de pago, pero sabía que esto acabaría con su negocio. Me preguntó por qué creía que esto había sucedido. Me preguntó qué derecho legal había concedido al diablo para que esto sucediera.

Dialogamos por teléfono durante un rato y llegamos a la conclusión de que, aunque había empezado queriendo expandir el dominio del reino de Dios, se había desviado hasta que se trataba tanto de él como de su éxito. Sintió fuertemente que esta era la causa de su problema. Me preguntó si quería ir con él a los Tribunales del Cielo. Empecé a orar y a pedir que se nos concediera la entrada en los tribunales, en relación con esta situación. Entonces le sugerí a mi amigo que orara.

Cuando empezó a orar, no consiguió que más que unas pocas palabras salieran de sus labios cuando empezó a sollozar de forma increíble. Nunca he escuchado tal llanto en toda mi vida. Se abrieron en él profundos pozos de aflicción y dejó que se derramaran. No hubo palabras, solo sollozos, gemidos y aflicción. Esto duró quizás un par de minutos con gran intensidad. Cuando empezó a calmarse, simplemente dije: «Que esto sea recibido y aceptado como testimonio ante ti, oh Dios». Mi amigo me dijo que *nunca* había experimentado algo así. Sabía, por experiencias anteriores en los Tribunales del Cielo en situaciones como esta, que algo había sucedido.

Terminamos la llamada telefónica. En unas tres horas, me llamó de nuevo. Cuando respondí a la llamada, estaba extasiado. Dijo que después de nuestro tiempo en los Tribunales del Cielo, una señora le había llamado. Manejó el dinero de los subsidios que se entregaban gratuitamente y no hubo necesidad de devolverlo. Mi amigo nunca había solicitado un subsidio ni lo había pedido a ningún nivel.

Ella le preguntó si estaría interesado en recibir 250.000 dólares sin compromiso. Él le dijo que lo haría. El resultado final fue que a las tres horas de estar en los Tribunales del Cielo, gimiendo y afligiéndose, la mitad de la pérdida del hombre fue restaurada. Desde entonces, ¡ha sido muy bendecido y sigue creciendo! Su gemido produjo en los Tribunales del Cielo lo que las palabras nunca podrían haber hecho. Experimentó el poder de resurrección de Jesús al devolverle todo lo que había perdido.

Debemos dar cabida a los gemidos de Dios si queremos ver manifestado su poder de resurrección. No solo nos beneficiaremos de ello ahora, sino que formaremos parte del gemido con la creación para ver la venida del Señor, la consiguiente resurrección de los muertos y la liberación de la creación de todas y cada una de las ataduras.

> Al presentarme ante Tus Tribunales, Señor, te pido que produzcas en mí a través de las primicias del Espíritu Santo el gemido que hablará en Tus Tribunales. Que los dolores de mi alma sean escuchados en el cielo. Que el gemido del Espíritu del Señor a través de mí diga más que cualquier palabra que pueda pronunciar ante Tus Tribunales. Hago espacio y doy lugar a estos gemidos del Señor. Ven, Señor, y apodérate de mi corazón para que tus pasiones fluyan a través de mí. Escúchame, Señor, y deja que Tu Espíritu Santo cree en mí

lo que hablará en Tus Tribunales y permitirá que ocurra la resurrección. En el nombre de Jesús, amén.

Cuando Jesús se preparaba para resucitar a Lázaro de entre los muertos, mandó quitar la piedra que cubría la tumba de Lázaro. Juan 11.39–41 nos dice que Jesús exigió que se quitara la piedra. También muestra de nuevo a Marta vacilando en su fe.

> *Dijo Jesús: «Quitad la piedra».*
>
> *Marta, la hermana del que había muerto, le dijo: «Señor, hiede ya, porque es de cuatro días».*
>
> *Jesús le dijo: «¿No te he dicho que si crees, verás la gloria de Dios?» Entonces quitaron la piedra de donde había sido puesto el muerto. Y Jesús, alzando los ojos a lo alto, dijo: «Padre, gracias te doy por haberme oído.*

Este fue el momento en que Marta tuvo que pasar de la esperanza a la fe. Tuvo que permitir que la piedra fuese quitada. En cualquier intento de pasar a la resurrección, todos nos enfrentaremos a este momento. Al igual que Marta, tenemos que estar dispuestos a enfrentarnos al hedor. El hedor del ridículo. El hedor del fracaso. El hedor de la vergüenza. El riesgo de enfrentarse al hedor es el precio de la resurrección. Nuestra voluntad de creer a

Dios para que nos traiga su poder de resurrección es una parte necesaria.

Mary y yo fuimos guiados por Dios para plantar lo que se convirtió en una exitosa obra eclesiástica en una ciudad a principios de los años 90. Dirigimos y administramos esta obra durante 15 años hasta 2006, cuando se la entregamos a quien había sido nuestro pastor ejecutivo durante 13 años. Este hombre y su esposa eran nuestros queridos amigos, así como socios del ministerio. Siempre habíamos trabajado desde una perspectiva apostólica con respecto a la iglesia y su funcionamiento. Cuando pasamos la iglesia a su cuidado pastoral, se entendió y acordó que yo mantendría el liderazgo y la supervisión apostólica. Nuestros amigos y asociados pastorearían la iglesia; sin embargo, nosotros seríamos honrados como los supervisores apostólicos de la obra. Esto funcionó bien durante unos tres años. Sin embargo, este hombre empezó a permitir e incluso a sembrar mentiras sobre mí. El resultado fue que el corazón del pueblo se volvió contra mí. Entraba a ministrar como padre apostólico y sentía la hostilidad hacia mí. Una gran parte de esto fue que el hombre en el que había confiado me había traicionado y permitió que se dijeran mentiras sobre mí, sin interrumpirlas. Él mismo también fue fuente de algunas de estas mentiras.

Decir que esto fue desgarrador es quedarse corto. A través de una serie de eventos, liberamos el trabajo y seguimos adelante con la vida. Estábamos viviendo en otra ciudad y siendo bendecidos en nuestra vida, familia y ministerio. Entonces, tuve un sueño. En este sueño, el que me había hecho el daño se acercaba a mí con un documento legal. Me dijo: «Quiero que firmes para ceder tus derechos y los de tus hijos en esta ciudad». Me desperté del sueño dándome cuenta de que lo que yo pensaba que era un capítulo cerrado en mi vida, Dios aún no lo cerraba. Sabía que el Señor estaba diciendo: «*Todavía tienes derechos apostólicos en esta ciudad. Son para ti y para tus hijos después de ti. No los regales*». El Señor me pedía que le creyera para la resurrección de esta obra que ya no existía.

Me costó bastante tiempo. Uno de los principales problemas era que la gente de esa zona creía cosas equivocadas y malas sobre mí. Si volviera a este lugar, tendría que afrontar el ridículo y la vergüenza de sus opiniones sobre mí. Después de mucho forcejeo y lucha, supimos que debíamos volver y dimos ese paso. Cuando volvimos a la zona, me puse a orar. Una mañana, mientras oraba, el Señor me dijo: «*Quiero que vuelvas a empezar la obra que fue destruida. No tengas miedo de quitar la piedra. Si quitas la piedra, haré fluir la vida de la resurrección*». Sabía que el Señor me pedía que no tuviera miedo del hedor de las mentiras, de las ideas equivocadas y de los conceptos contra mí. Me estaba diciendo que si daba este paso, vería fluir su novedad apostólica de vida y restauraría esta obra para mí y mis hijos.

De hecho, hemos visto que esto ocurrió. Ahora la obra avanza. Tenemos un fuerte grupo local en el sitio, así como miles de personas en línea que forman parte de esta casa. Dios es fiel a su palabra. Sin embargo, podía estar no dispuesto a que el hedor que iba a encontrar tocara mi vida. Esto podría haber sido un punto en el que el precio fuera demasiado grande. Sin embargo, sabía que lo que pendía de un hilo era la intención de Dios para esta región. También sabía que era un lugar de herencia para mí y mis hijos. Si estamos dispuestos a enfrentar el hedor, ¡podemos ver la gloria de Dios manifestada en la resurrección!

Otra cosa que sucedió que permitió que Lázaro fuera resucitado fue que Jesús operó en «el reinado y el sacerdocio». Cuando Jesús se acercó a la tumba, ya se había hecho todo lo necesario para que se produjera la resurrección. Juan 11.41–44 muestra los gloriosos resultados. Lázaro resucitó de entre los muertos y fue devuelto a Marta y María. Su fe operando con Jesús había permitido esta resurrección.

> *Entonces quitaron la piedra de donde había sido puesto el muerto. Y Jesús, alzando los ojos a lo alto, dijo: «Padre, gracias te doy por haberme oído. Yo sabía que siempre me oyes; pero lo dije por causa de la multitud que está alrededor, para que crean que tú me has enviado». Y habiendo dicho esto, clamó a gran voz: «¡Lázaro, ven fuera!» Y el que había muerto salió, atadas las manos y los pies con vendas, y el rostro envuelto en un sudario. Jesús les dijo: «Desatadle, y dejadle ir».*

Nota que Jesús habló con el Padre sobre su *oración anterior* con respecto a esto. Dijo al Padre: «*Gracias te doy por **haberme oído**»*. Esto significa que Jesús, en su viaje a este lugar, había estado tratando con realidades espirituales. Había estado en los Tribunales del Cielo, lidiando con cualquier reclamo legal que el diablo había utilizado para poner a Lázaro en la tumba prematuramente. Lo hizo desde su sacerdocio. Recuerda que hemos sido hechos reyes y sacerdotes para nuestro Dios, según Apocalipsis 1.5–6.

> *Y de Jesucristo el testigo fiel, el primogénito de los muertos, y el soberano de los reyes de la tierra.*
>
> *Al que nos amó, y nos lavó de nuestros pecados con su sangre, y nos hizo reyes y sacerdotes para Dios, su Padre; a él sea gloria e imperio por los siglos de los siglos. Amén.*

El trabajo principal de un sacerdote es poner en orden las cosas legales. Los reyes, desde este lugar establecido, hacen entonces decretos. Por ejemplo, Aarón, como sumo sacerdote, fue encargado de ir detrás del velo una vez al año para poner las cosas en orden legalmente para que Israel no fuera juzgado por sus pecados. Iba detrás del velo con la sangre del cordero de la Pascua. Al administrar esta sangre, los pecados de los hijos de Israel serían perdonados durante el año. Hebreos 9.7 nos hace saber que el sumo sacerdote, una vez al año, hacía expiación con la sangre por él y por el pueblo.

> *Pero en la segunda parte, sólo el sumo sacerdote una vez al año, no sin sangre, la cual ofrece por sí mismo y por los pecados de ignorancia del pueblo;*

Lo que el sacerdote hacía detrás del velo le otorgaba al Señor el derecho legal de ser misericordioso con los pecados del pueblo. Esto mantuvo el juicio de Dios fuera del pueblo durante un año, hasta que se hizo de nuevo al año siguiente. Esto era una imagen profética cada año de lo que Jesús haría en la perfección para nosotros. Hebreos 9.11–14 declara que Jesús ha entrado una vez por todas en el tabernáculo del cielo para expiar legalmente nuestros pecados para siempre.

> *Pero estando ya presente Cristo, sumo sacerdote de los bienes venideros, por el más amplio y más perfecto tabernáculo, no hecho de manos, es decir, no de esta creación, Y no por sangre de machos cabríos ni de becerros, sino por su propia sangre, entró una vez para siempre en el Lugar Santísimo, habiendo obtenido eterna redención. Porque si la sangre de los toros y de los machos cabríos, y las cenizas de la becerra rociadas a los inmundos, santifican para la purificación de la carne, ¿cuánto más la sangre de Cristo, el cual mediante el Espíritu eterno se ofreció a sí mismo sin mancha a Dios, limpiará vuestras*

conciencias de obras muertas para que sirváis al Dios vivo?

La función de Jesús como nuestro sacrificio y nuestro Sumo Sacerdote nos asegura legalmente la redención, el perdón, la misericordia y la gracia para siempre. El Espíritu Santo toma lo que Jesús ha hecho legalmente y lo aplica a nuestras vidas. Digo todo esto para señalar que el trabajo principal del sacerdote era poner en orden las cosas legales. Esto es lo que hacemos como *sacerdotes para nuestro Dios*. Cuando Jesús oraba de camino a la tumba de Lázaro, ejercía de sacerdote. Se ocupaba de todas las cuestiones legales que habían permitido a satanás matar a Lázaro antes de tiempo. Esto tenía que hacerse o Jesús no podría resucitarlo de entre los muertos.

Si queremos experimentar la resurrección, debemos lidiar con cualquier asunto legal que haya permitido al diablo matar, robar y destruir. Una vez que estas cuestiones legales se han puesto en orden, podemos erigirnos como reyes y proclamar y decretar la vida en cada situación. Esto es exactamente lo que hizo Jesús. Como resultado de su función de sacerdote, Jesús se colocó en la entrada de la tumba de Lázaro y proclamó: «¡*Lázaro, sal!*» El resultado fue que el poder de la resurrección entró en el cadáver en descomposición y ¡Lázaro volvió a la vida y salió de la tumba! Así será en cada situación de nuestra vida en la que algo haya acabado y muerto antes de tiempo. Podemos proclamar la vida de nuevo en ello porque las pretensiones legales del diablo de mantenerlo en la muerte están ahora rotas.

Una vez que Lázaro salió del sepulcro, todavía estaba atado con las telas de la tumba en las que lo habían envuelto para enterrarlo. Jesús ordenó: «*Desatadle, y dejadle ir*». Una vez que se ha producido la resurrección, todavía puede ser necesario eliminar todos los obstáculos. Esto permitirá que lo que ha sido resucitado se mueva con plena libertad y poder. Dependiendo de lo que se levante a la vida, esto puede implicar organización, ajuste de actitud, cambio de perspectiva u otras cuestiones. La vida está presente y fluye, pero es necesario que haya libertad para moverse en plenitud. La alegría de esta nueva vida de resurrección se encuentra en llegar a una gran libertad y expresión.

Jesús es la resurrección y la vida. Desea devolver todo lo que ha muerto a la vida. Manifestó este poder al resucitar a la hija de Jairo, al hijo de la viuda de Naín y al sacar a Lázaro del sepulcro. Al operar en el Tribunal del Cielo, podemos ver las cosas legales puestas en orden para que lo que ha muerto en nuestra vida, pueda vivir. Jesús es el que devuelve las cosas muertas a la vida. ¡Pidamos a Su Tribunal que esto sea nuestra realidad!

> Señor, al presentarnos ante tus Tribunales, te pedimos que tu vida y tu poder de resurrección fluyan en nuestras vidas y situaciones. Nos presentamos ante Ti como sacerdotes y nos ocupamos de cualquier asunto legal utilizado

por el diablo para «matar» algo prematuramente. Pedimos que lo que haya «muerto» antes de tiempo ¡se le permita vivir de nuevo! Nos arrepentimos de cualquier cosa en nuestras vidas o líneas de sangre que haya permitido al diablo el derecho legal de matar, robar y destruir. Reclamamos Colosenses 2.14 como un veredicto legal a nuestro favor. Decimos que todo caso, cargo o acusación contra nosotros es quitado del medio, habiendo sido clavado en Tu cruz. Señor, te pedimos que no tenga más derecho a hablar contra nosotros. Ahora, por la fe, quitamos la piedra y declaramos: «*¡Vuelve a vivir! Que lo que está muerto ahora cobre vida, en el nombre de Jesús*». También te pedimos, Señor, que se elimine toda restricción contra lo que ahora está vivo. Así como se quitaron los paños de la tumba a Lázaro, que se revoquen todos los obstáculos. Gracias, Señor, que desde tus Tribunales podemos aplicar lo que has hecho por nosotros como sacerdotes ante ti. También desde este lugar legal, hacemos decretos como reyes. Muchas gracias por tu gracia y misericordia, ya que ahora fluye nueva vida en mi vida y en mis circunstancias. En el nombre de Jesús, amén.

Capítulo 8

¿PUEDEN VIVIR ESTOS HUESOS?

A lo largo de la Escritura, el Señor se presenta como el Dios que resucita de entre los muertos. No hay nada más definitivo, desde la perspectiva humana, que la muerte. Sin embargo, el Señor permite que se sepa que Él es el Dios que resucita las cosas muertas. Esta realidad hizo que el apóstol Pablo estuviera dispuesto a dar su vida y a sufrir penurias por el evangelio. Estaba tan seguro y confiado en el poder de Dios para resucitar que incluso la muerte literal no era una amenaza. En 2 Corintios 1.8–10, se expone la confianza de Pablo en medio de las dificultades. Esto se debe a su inquebrantable creencia en la resurrección de los muertos.

> *Porque hermanos, no queremos que ignoréis acerca de nuestra tribulación que nos sobrevino en Asia; pues fuimos abrumados sobremanera más allá de nuestras fuerzas, de tal modo que aun perdimos la esperanza de conservar la vida. Pero tuvimos en*

> *nosotros mismos sentencia de muerte, para que no confiásemos en nosotros mismos, sino en Dios que resucita a los muertos; el cual nos libró, y nos libra, y en quien esperamos que aún nos librará, de tan gran muerte;*

La fortaleza para superar los problemas que estaban soportando era que *confiaban en el Dios que resucita de entre los muertos.* De una manera muy literal, parecería que su capacidad para soportar las pruebas que estaban pasando provenía de la creencia de que si morían, Dios los resucitaría. Por lo tanto, tenían la *sentencia de muerte* en sí mismos. Esto significaba que podían entregarse incluso a la muerte con la certeza de que había una resurrección de los muertos.

Creer que Dios resucita los muertos no es algo trivial. Afecta en gran medida a la forma en que vivimos actualmente, y a la perspectiva con la que abordamos la vida. Lo he experimentado a pequeña escala. Fui pastor y trabajé en la iglesia local durante 22 años. Entonces, el Señor me separó para el ministerio itinerante. Durante 13 años, viajé hasta 240 días al año. Esto significa que estuve lejos de mi familia por mucho tiempo. Antes de que esto aumentara a este nivel, tuve un sueño al respecto. En realidad, estaba en Sudáfrica cuando tuve este sueño.

En mi sueño, me habían condenado a morir. Sabía que, como iba a morir, me iba a perder gran parte de la vida y las experiencias con mi familia. Me perdería los cumpleaños, los aniversarios, las vacaciones y muchas cosas más. Sabía que mi familia haría estas cosas sin mí porque yo iba a estar muerto. En mi sueño, a medida que se acercaba la hora de mi muerte, empezaba a ayudar a aquellos designados, en el sueño, para darme muerte con los electrodos que me adherirían al cuerpo para electrocutarme hasta la muerte. De hecho, les ayudé a colocarlos en mi cuerpo. Mi familia, cada uno de ellos, vino a despedirse de mí. Recuerdo haber sentido tristeza, pero era consciente de que debía hacerse.

Una de las cosas que más me llamó la atención fue que mi familia no mostraba mucha tristeza porque yo fuera a morir. Habia algo de pena, pero no mucha. Este fue todo el sueño. Al despertar, el Señor me dijo: «*Quiero usarte para tocar las naciones. Se requirirá que tomes la 'sentencia de muerte' en ti mismo. Debes estar dispuesto a morir. Si haces esto, pondré una gracia sobre ti que hará que tu sacrificio no sea algo penoso. También pondré una gracia a tu familia para que esto no sea algo penoso para ellos*».

Esto es exactamente lo que ocurrió. Viajé mucho solo y sin mi familia. Hubo una gracia definitiva en nuestras vidas. Esto se debió a que asumí la *sentencia de muerte* en mí mismo. Esto era lo que estaba haciendo al ayudar en el proceso de muerte en mi sueño. Había una gracia asociada a esto que me empoderaba. Desde entonces, hemos experimentado la resurrección del Señor en nuestras vidas. Los años de sacrificio que hicimos, creo que hablan en los Tribunales del Cielo por nosotros. Hacen que Dios se acuerde de nosotros para que ahora, en este tiempo, seamos bendecidos para pasar el tiempo juntos en familia y tener una gran intimidad.

Cuando estamos dispuestos a hacer sacrificios porque creemos en el Dios que resucita de entre los muertos, Él nos recompensará con la resurrección. No hice el sacrificio esperando tener más tarde estos momentos en familia. En lo que a mí respecta, esta era mi vida. Sin embargo, el Señor es bondadoso y misericordioso y recompensa en abundancia todos los sacrificios que podamos hacer.

> Señor, mientras estoy en tus tribunales, ¿permites que conste que creo en tu poder para resucitar cosas muertas? Por lo tanto, tomo para mí la sentencia de muerte. Te obedeceré plenamente y pagaré el costo por todo lo relacionado con esta obediencia. Que mi obediencia a Tus caminos hable en Tus tribunales por mí. Que yo sea uno de los que está dispuesto a dar su vida por tus deseos. Que se sepa que todo lo que se me pida que sacrifique, lo daré, creyendo que Tú eres el Dios que resucita las cosas muertas. En el nombre de Jesús, amén.

Ezequiel, al parecer, fue utilizado por Dios para traer la resurrección en una situación de cuerpos desarmados. Dios lo puso en un valle de huesos secos y le dijo que profetizara. Este relato se encuentra en Ezequiel 37.1–14:

La mano de Jehová vino sobre mí, y me llevó en el Espíritu de Jehová, y me puso en medio de un valle que estaba lleno de huesos. Y me hizo pasar cerca de ellos por todo en derredor; y he aquí que eran muchísimos sobre la faz del campo, y por cierto secos en gran manera. Y me dijo: «Hijo de hombre, ¿vivirán estos huesos?»

Y dije: «Señor Jehová, tú lo sabes».

Me dijo entonces: «Profetiza sobre estos huesos, y diles: "Huesos secos, oíd palabra de Jehová". Así ha dicho Jehová el Señor a estos huesos: "He aquí, yo hago entrar espíritu en vosotros, y viviréis. Y pondré tendones sobre vosotros, y haré subir sobre vosotros carne, y os cubriré de piel, y pondré en vosotros espíritu, y viviréis; Y sabréis que yo soy Jehová"».

Profeticé, pues, como me fue mandado; y hubo un ruido mientras yo profetizaba, y he aquí un temblor; y los huesos se juntaron cada hueso con su hueso. Y miré, y he aquí tendones sobre ellos, y la carne subió, y la piel cubrió por encima de ellos; pero no había en ellos espíritu.

Y me dijo: «Profetiza al espíritu, profetiza, hijo de hombre, y di al espíritu: "Así ha dicho Jehová el Señor: 'Espíritu, ven de los cuatro vientos, y sopla sobre estos muertos, y vivirán'"». Y profeticé como me había mandado, y entró espíritu en ellos, *y vivieron, y estuvieron sobre sus pies; un ejército grande en extremo.*

Me dijo luego: «Hijo de hombre, todos estos huesos son la casa de Israel. He aquí, ellos dicen: "Nuestros huesos se secaron, y pereció nuestra esperanza, y somos del todo destruidos". Por tanto, profetiza, y diles: "Así ha dicho Jehová el Señor: 'He aquí yo abro vuestros sepulcros, pueblo mío, y os haré subir de vuestras sepulturas, y os traeré a la tierra de Israel. Y sabréis que yo soy Jehová, cuando abra vuestros sepulcros, y os saque de vuestras sepulturas, pueblo mío. Y pondré mi Espíritu en vosotros, y viviréis, y os haré reposar sobre vuestra tierra; Y sabréis que yo Jehová hablé, y lo hice', dice Jehová"».

Ezequiel recorrió el proceso de ver fluir la vida de resurrección en este encuentro que estaba teniendo. Fue una parte integral de este proceso. Sin él, esta resurrección no se habría producido.

Lo primero que vemos es que Dios puso a Ezequiel en este lugar de muerte, devastación y quebranto. La situación parecía desesperada. Tanto es así que cuando Dios le preguntó a Ezequiel si creía que los huesos secos, rotos y dispersos podían vivir, Ezequiel no se comprometió. Su respuesta fue: «*Señor, Tú lo sabes*». En otras palabras, «Dios, parece realmente inútil y sin esperanza, pero no te estoy limitando».

Tal vez esta sea tu situación. Quizá no solo haya muerto algo, sino que se ha descompuesto y dispersado en lo que parecería ser un millón de piezas. Aquí es donde estaba Ezequiel. Sin embargo, el Señor estaba a punto de hacer una gran resurrección. Ezequiel iba a jugar un papel importante en esto. También desempeñaremos un papel importante en la resurrección que parece ser desesperada y más allá de toda ayuda. Tal vez te has visto *colocado* en un entorno o situación en la que nada menos que el poder de resurrección de Dios es suficiente. Puede ser en tu lugar de trabajo, en tu situación familiar o en una circunstancia del ministerio. Todo parece muerto, seco y desconectado. La buena noticia es que Dios es capaz de hacer que cosas buenas pasen. Él es capaz de liberar el poder de la resurrección en tu situación. Hagamos esta oración.

> Al estar en Tus Tribunales, Señor, que se sepa que esta situación parece imposible, pero creo en Ti, el Dios de la resurrección. Así como Ezequiel declaró: «Señor, Tú lo sabes», ante la pregunta de si esto podría volver a vivir, así digo esto. Reconozco, Señor, que Tú eres Dios. Que esto quede registrado ante Ti. Proclamo que Tú eres Dios y puedes hacer lo que quieras. Eres capaz de dar vida a lo que está muerto, seco y desconectado. Señor, permite que tu poder divino fluya. Muéstrate glorioso mientras me presento ante tus Tribunales y hago mi petición.

Que la vida vuelva a estos huesos secos. En el nombre de Jesús, amén.

Mientras Ezequiel observaba la situación, entonces el Señor le dijo que profetizara. En este punto, Ezequiel tuvo que decidir lo que iba a profetizar. ¿Hablaría de lo que veían sus ojos o de lo que oían sus oídos? Sus ojos vieron la desolación perdida en este valle. Sin embargo, sus oídos escucharon el sonido de un ejército en marcha. ¿Con cuál estaría él de acuerdo? ¿Profetizaría lo que sus ojos vieron, o lo que sus oídos oyeron? Su decreto profético determinaría lo que ocurrió o no.

Esto es lo que muchos no entienden con respecto al Tribunal del Cielo. Lo que profetizamos puede determinar lo que ocurre. Cuando los doce espías regresaron de la tierra de Canaán, diez de ellos trajeron un mal informe. Números 13.27–33 nos muestra el informe que trajeron los diez.

> Y les contaron, diciendo: «Nosotros llegamos a la tierra a la cual nos enviaste, la que ciertamente fluye leche y miel; y este es el fruto de ella. Mas el pueblo que habita aquella tierra es fuerte, y las ciudades muy grandes y fortificadas; y también vimos allí a los hijos de Anac. Amalec habita el Neguev, y el heteo, el jebuseo y el amorreo habitan en el monte, y el cananeo habita junto al mar, y a la ribera del Jordán».

Entonces Caleb hizo callar al pueblo delante de Moisés, y dijo: «Subamos luego, y tomemos posesión de ella; porque más podremos nosotros que ellos».

Mas los varones que subieron con él, dijeron: «No podremos subir contra aquel pueblo, porque es más fuerte que nosotros». Y hablaron mal entre los hijos de Israel, de la tierra que habían reconocido, diciendo: «La tierra por donde pasamos para reconocerla, es tierra que traga a sus moradores; y todo el pueblo que vimos en medio de ella son hombres de grande estatura. También vimos allí gigantes, hijos de Anac, raza de los gigantes, y éramos nosotros, a nuestro parecer, como langostas; y así les parecíamos a ellos».

Este negativo informe o profecía de estos diez hizo que el corazón del pueblo se derritiera. También tuvo un efecto aún mayor. Habló en los Tribunales del Cielo contra la nación de Israel. Sobre la base de esta evaluación profética, Dios emitió un juicio. Ellos vagarían durante cuarenta años debido al informe o profecía de estos diez. Números 14.32–35 nos da una idea del juicio de Dios sobre la base del mal informe o profecía.

En cuanto a vosotros, vuestros cuerpos caerán en este desierto. Y vuestros hijos andarán pastoreando en el desierto cuarenta años, ellos llevarán vuestras rebeldías, hasta que vuestros cuerpos sean consumidos en el desierto. Conforme al número de los días, de los

> cuarenta días en que reconocisteis la tierra, llevaréis vuestras iniquidades cuarenta años, un año por cada día; y conoceréis mi castigo. Yo Jehová he hablado; así haré a toda esta multitud perversa que se ha juntado contra mí; en este desierto serán consumidos, y ahí morirán.

El juicio basado en su palabra profética fue de un año por cada día que los espías estuvieron en la tierra. Los diez espías determinaron el destino de una nación durante cuarenta años. Su palabra profética habló contra ellos en los Tribunales del Cielo y Dios emitió un veredicto contra ellos. Las palabras proféticas son testimonios en el Tribunal del Cielo. Debemos tener cuidado con lo que profetizamos y con lo que estamos de acuerdo.

Ezequiel tuvo que decidir lo que iba a profetizar. ¿Estaría él de acuerdo con lo que veían sus ojos, que era desolación, o estaría de acuerdo con el sonido del ejército en marcha que escuchaban sus oídos? ¡Decidió profetizar el sonido en lugar de la vista! Este habló ante el Señor en los Tribunales del Cielo. También nosotros debemos decidir lo que vamos a *profetizar*. Esto determina si vemos la resurrección o no. Si somos negativos y profetizamos desde ese corazón, no tendremos poder de resurrección. Por otro lado, si profetizamos desde un espíritu de fe, veremos la mano resucitadora de Dios en nuestras situaciones. Nosotros determinamos a través de nuestra liberación profética lo que va a ocurrir. Permíteme imaginar lo que esto podría significar.

Señor, al presentarme ante Tus Tribunales, libero el testimonio correcto ante Tu presencia. Yo decreto, declaro y profetizo:

El favor del Señor está sobre mi vida. El amor de Dios está sobre mí y su rostro brilla sobre mí. También tengo el favor de los hombres. Su rostro brilla sobre mí y me da gracia y paz en cada situación. Se me abren puertas divinas y se me presentan oportunidades que me llevan a una gran influencia y gran éxito.

El Señor ha ordenado la salud y el bienestar en mi vida. Estoy libre de toda enfermedad y dolencia. Eso ha sido alejado de mí. Vivo una vida larga y bendecida, libre de males y de los tormentos creados por los problemas de salud. No hay enfermedad, ni muerte, prematura o inoportuna. Vivo hasta la plenitud de mis días, llenos de una vida larga y satisfactoria.

Soy próspero y estoy lleno de abundancia en todos los niveles. Acumulo riquezas tras las órdenes de restricción de Dios de los Tribunales del Cielo. El diablo no es capaz de devorar la riqueza y la abundancia que el Señor ha planeado para mí. Sus derechos son revocados y eliminados. Soy libre de acumular riqueza y convertirme en un bendecido del Señor, financieramente.

Mi matrimonio está bendecido por Dios. Declaro que mi cónyuge es hueso de mi hueso y carne de mi carne. Caminamos en comunión y armonía con el Señor y entre nosotros. Nuestro matrimonio está lleno de amor y compañía. Nos satisfacemos mutuamente en profundidad y con gran plenitud.

Mis hijos han sido bendecidos después de mí. Reciben la bendición generacional de mi vida. Son prósperos y exitosos. Experimentan el favor de Dios y de los hombres. Todas las limitaciones están fuera de la vida de ellos. Sirven al Señor con gran fervor y diligencia. Son la semilla piadosa que el Señor ha buscado.

Estas declaraciones proféticas pueden hacerse todos los días de nuestra vida. A través de ellos, estamos liberando y presentando testimonio en los Tribunales del Cielo. Esto otorga al Señor el derecho de emitir veredictos por nosotros.

Cuando Ezequiel empezó a profetizar, lo que estaba seco, desolado y muerto empezó a agitarse. La palabra en hebreo para *agitarse* significa un *terremoto*. Los terremotos no suelen agitar las cosas de manera que se vuelvan a componer. Sin embargo, esta sacudida o terremoto hizo que los huesos secos y separados se reunieran. Mientras profetizó Ezequiel, lo que estaba disperso empezó a reunirse. Esta era una imagen que el Señor le estaba dando al profeta sobre la reunificación de Israel como nación y a su tierra. Sin embargo, también puede hablarnos de relaciones que se han destruido. La vida de resurrección de Jesús trae la reconciliación. A medida que Su vida es pronunciada y decretada, el ministerio y la palabra de reconciliación pueden ser liberados. 2 Corintios 5.18–19 nos dice que parte del ministerio de Jesús es traer la reconciliación.

> *Y todo esto proviene de Dios, quien nos reconcilió consigo mismo por Cristo, y nos dio el ministerio de la reconciliación; que Dios estaba en Cristo reconciliando consigo al mundo, no tomándoles en cuenta a los hombres sus pecados, y nos encargó a nosotros la palabra de la reconciliación.*

Como resultado de nuestra reconciliación con Dios, ahora tenemos el poder de traer la reconciliación. El reencuentro de las personas con Dios y entre ellas es una manifestación del reino de Dios. Ya sea en las familias, las iglesias, las empresas u otros ámbitos de relaciones, Dios desea sanarlas. Las relaciones destruidas pueden resucitar a una nueva vida. Esto es lo que se puede imaginar como profetizó Ezequiel. Lo que había sido cortado y separado, volvió a unirse a través de las sacudidas.

A veces, las sacudidas son necesarias para que las personas regresen unos con otros. Dios puede utilizar circunstancias dramáticas y traumáticas para hacer que las personas reconozcan sus necesidades mutuas. Las presiones de la vida pueden separarnos o unirnos. Esto puede ocurrir mientras profetizamos la vida de resurrección en las relaciones. Las sacudidas también pueden ser simplemente una sacudida de buenas emociones hacia aquellos con los que nos vamos a unir. Esto puede ser el resultado de la profecía de que la vida comenzaría a fluir en estas relaciones.

A medida que Ezequiel seguía profetizando, los tendones, la carne y la piel comenzaron a cubrir los huesos ahora unidos. Es bastante interesante que haya sido necesaria una continuación de lo profético para que el trabajo se complete. El Señor no estaba haciendo esto separado de Ezequiel. Ezequiel era muy necesario para ver el poder resucitador de Dios reconstituir estos cuerpos. Los huesos podrían hablar de la reconexión de las vidas, mientras que la carne y los tendones podrían ser aquello que mantiene las cosas unidas. Sin la piel y los tendones, nuestros huesos se desharían. Sin embargo, los ligamentos y otras partes de nuestro cuerpo hacen que las conexiones sean seguras. Las cosas se mantienen en su sitio.

A medida que profetizó Ezequiel, todo esto sucedió. Los huesos se unieron y todo lo que mantenía el cuerpo se colocó en su lugar. Sin embargo, el trabajo no estaba terminado. En ese momento, había cadáveres reformados, pero sin vida ni aliento. El Señor ordenó entonces a Ezequiel que profetizara a los vientos del cielo. Debía declarar que el soplo del cielo venía de los cuatro vientos. Mientras profetizaba Ezequiel, el aliento de Dios entró en los cadáveres ahora dispuestos y la vida fluyó. Los huesos, antes desmantelados y dispersos, se pusieron de pie ahora como un poderoso ejército.

Muchas veces, las cosas están perfectamente puestas en orden, pero no hay vida sobrenatural. Todo se ve bien, pero todavía hay muerte aferrada en una situación. A través de la liberación profética, fluye la vida de resucitación de Jesús. Las relaciones se restauran. Las heridas se curan. Se da el amor que ha sido retenido. Lo que estaba separado y aparentementedestruido se reconcilia y se restaura. Esto se debe a que el poder de la resurrección de Jesús fluye como resultado de que alguien lo llame a su lugar con declaración profética.

La verdad es que sin Ezequiel no habría habido resurrección. La nación de Israel se habría quedado en sus tumbas. El Señor puso a Ezequiel en medio de lo que estaba muerto y destruido para traer vida a las circunstancias. Así puede ser con nosotros. Quizá tú te encuentres en una de estas situaciones. Puedes traer Su vida de resurrección a esta situación caótica, muerta y destructiva. El Salmo 84.5-6 nos dice que hay un pueblo que hace que los lugares de llanto se conviertan en estanques de bendiciones.

*Bienaventurado el hombre que tiene en ti sus fuerzas,
En cuyo corazón están tus caminos. Atravesando
el valle de lágrimas [Baca] lo cambian en fuente,
Cuando la lluvia llena los estanques.*

La palabra *baca* significa *llanto*. Se nos dice que cuando las personas fortalecidas por el Señor pasan por este lugar, provocan una transformación. El lugar que estaba lleno de lágrimas de dolor se convierte en lugar de manantiales de alegría. La presencia de un pueblo que lleva la vida de resurrección de Dios transforma la pena y el dolor en gloria y propósito. Este es el pueblo que debemos ser. Ezequiel logró esto a través de la liberación profética del Señor. El resultado fue que los lugares de gran angustia se convirtieron en lugares de gran deleite. Esta puede ser también nuestra experiencia. Que podamos declarar el testimonio correcto ante los Tribunales del Cielo a través de nuestras declaraciones proféticas. Al hacerlo, podemos ver lo que está muerto volver a vivir.

> Te agradezco, Señor, el acceso a tus Tribunales que me ha concedido la sangre de Jesús. Con confianza entro en este lugar. Mientras profetizo desde tu poder de resurrección, que lo que está muerto vuelva a la vida. Que el Valle de Baca se convierta en un estanque y manantial de bendiciones. Que cada relación perdida o estresada sea sanada en el nombre

de Jesús. Profetizo para juntar hueso con hueso. Profetizo para que lo que los mantiene unidos se ponga en su sitio. Declaro que todos los intentos del diablo por separar a la gente ahora serán silenciados en el nombre de Jesús. Profetizo para que los vientos y el soplo de Dios den vida a lo que fue matado. Permite que Tu presencia haga fluir la vida. En cuanto hago estos decretos y declaraciones, que sean recibidos como testimonio ante Tu Tribunal. Que esto sea evidencia presentada que te permita a Ti, como Juez, tomar decisiones de vida en cada situación. Solicito a este Tribunal y pido que el espíritu, el ministerio y la palabra de reconciliación se pongan en marcha para que se manifieste Tu poder de resurrección. En el nombre de Jesús, amén.

Capítulo 9

EL PODER DEL ALINEAMIENTO

Hay muchos principios relacionados con el poder de la resurrección. Hemos visto varios en capítulos anteriores. Hemos visto que el ambiente es importante, la fe es importante, la compasión del Señor es importante, y varios otros. En última instancia, por el tema de este libro, estamos viendo cómo Dios como Juez, desde los Tribunales del Cielo, toma decisiones que permiten que fluya la vida de resurrección. Deseamos ver la realidad de Su poder manifestado en y a través de nuestras vidas. Esto requiere que seamos capaces de presentar casos en estos Tribunales. Una de las mayores necesidades para hacer esto es la alineación adecuada que nos otorga un posicionamiento apropiado en los Tribunales del Cielo. En otras palabras, tener un *estatus* en los Tribunales del Cielo es inmensamente importante. Hebreos 11.39 nos dice que los que obtuvieron cosas por la fe, lo hicieron porque tenían un buen testimonio en el cielo.

> *Y todos éstos, aunque alcanzaron buen testimonio mediante la fe, no recibieron lo prometido.*

Estos enumerados en Hebreos 11, y otros, tienen un buen testimonio ante el Señor. Obtuvieron este testimonio, gracias a su voluntad de operar con fe. Eligieron creer en el mundo invisible, tanto o más que en el reino visible. Esto es lo que es la fe. Hebreos 11.1,3,7 nos muestra que la fe es creer tanto en lo que *sentimos* como en lo que *vemos*.

> *Es, pues, la fe la certeza de lo que se espera, la convicción de lo que no se ve.*

Nota las palabras *que no se ve*.

> *Por la fe entendemos haber sido constituido el universo por la palabra de Dios, de modo que lo que se ve fue hecho de lo que no se veía.*

Las cosas que vemos provienen de lo que era invisible.

> *Por la fe Noé, cuando fue advertido por Dios acerca de cosas que aún no se veían, con temor preparó el arca en que su casa se salvase; y por esa fe condenó al mundo, y fue hecho heredero de la justicia que viene por la fe.*

Noé creyó en Dios respecto a las cosas *que no se veían*.

Podríamos continuar nuestro viaje a través de Hebreos 11, y veríamos esta idea repetida una y otra vez. La fe es poner la confianza en lo que no se ve más que en lo que podemos ver. Las personas de las que se habla en Hebreos 11 entregaron sus vidas, porque creían tanto en el reino invisible. No todos murieron de forma natural, pero todos ajustaron sus vidas y estilos de vida debido a lo que pudieron percibir en el mundo invisible. Esto es lo que los convirtió en las personas de las que hablamos hoy. El resultado fue que obtuvieron este buen testimonio. En otras palabras, el reino celestial los estima y responde a ellos y a su actividad.

La verdad es que no tenemos que morir para tener este poder ante el cielo y los Tribunales del Cielo. Al entregar nuestra vida por el evangelio, se nos concede un estatus en el cielo. Por eso se nos dice en Apocalipsis 12.11 que vencemos los casos contra nosotros, traídos por el acusador de los hermanos.

> *Y ellos le han vencido por medio de la sangre del Cordero y de la palabra del testimonio de ellos, y menospreciaron sus vidas hasta la muerte.*

La capacidad de vencer nos la da la sangre del Cordero, la palabra de nuestro testimonio y el no amar nuestra vida hasta la muerte. La sangre del Cordero silencia los casos presentados contra nosotros. La palabra de nuestro testimonio nos presenta casos. No amar nuestra vida hasta la muerte, nos otorga autoridad y estatus ante los Tribunales. Cuanto más de acuerdo nos pongamos con la voluntad de Dios y nos sometamos a ella, más autoridad podremos ejercer en los Tribunales del Cielo. Digo todo esto para señalar que debemos desear un estatus que nos permita solicitar a los tribunales al más alto nivel. Esto es lo que experimentó la viuda de Sarepta. Obtuvo un estatus con el cielo a través del principio de alineación. Esto la llevó a un lugar de poder en el cielo cuando su hijo murió. 1 Reyes 17.13–24 nos da el relato de esta viuda que se movía con fe ante la palabra del Señor. El reino natural dijo que la comida se había acabado y que morirían. Sin embargo, cuando el profeta de Dios dijo la palabra del Señor, ella creyó. Su fe la puso en alineación con Dios a través del profeta en el que ella creía.

> *Elías le dijo: «No tengas temor; ve, haz como has dicho; pero hazme a mí primero de ello una pequeña torta cocida debajo de la ceniza, y tráemela; y después harás para ti y para tu hijo. Porque Jehová Dios de Israel ha dicho así: "La harina de la tinaja no escaseará, ni el aceite de la vasija disminuirá, hasta el día en que Jehová haga llover sobre la faz de la tierra"».*
>
> *Entonces ella fue e hizo como le dijo Elías; y comió él, y ella, y su casa, muchos días. Y la harina de la tinaja no escaseó, ni el aceite de la vasija menguó,*

conforme a la palabra que Jehová había dicho por Elías.

Después de estas cosas aconteció que cayó enfermo el hijo del ama de la casa; y la enfermedad fue tan grave que no quedó en él aliento. Y ella dijo a Elías: «¿Qué tengo yo contigo, varón de Dios? ¿Has venido a mí para traer a memoria mis iniquidades, y para hacer morir a mi hijo?»

El le dijo: «Dame acá tu hijo». Entonces él lo tomó de su regazo, y lo llevó al aposento donde él estaba, y lo puso sobre su cama. Y clamando a Jehová, dijo: «Jehová Dios mío, ¿aun a la viuda en cuya casa estoy hospedado has afligido, haciéndole morir su hijo?» Y se tendió sobre el niño tres veces, y clamó a Jehová y dijo: «Jehová Dios mío, te ruego que hagas volver el alma de este niño a él». Y Jehová oyó la voz de Elías, y el alma del niño volvió a él, y revivió.

Tomando luego Elías al niño, lo trajo del aposento a la casa, y lo dio a su madre, y le dijo Elías: «¡Mira, tu hijo vive!»

Entonces la mujer dijo a Elías: «Ahora conozco que tú eres varón de Dios, y que la palabra de Jehová es verdad en tu boca».

Qué historia tan tremenda. Después de que la mujer y su familia recibieran una provisión sobrenatural para la hambruna, su hijo murió. ¿Por qué y cómo pudo ocurrir tal cosa? El diablo nunca se detiene. Sin embargo, la buena noticia es que el hombre de Dios estaba presente porque esta mujer se había alineado con él a través de su obediencia. Cuando el profeta la exhortó y liberó la palabra de Dios —que si ella le daba la primera torta, el suministro nunca se acabaría mientras durara la hambruna— ella obedeció. Ella, de hecho, había visto esto ocurrir. Sin embargo, su hijo murió. La buena noticia es que su obediencia al honrar al hombre de Dios, enviado por el Señor, le permitió alinearse con él. Ella tenía derechos especiales de la unción que residía en ella.

La verdad es que nunca sabemos cuándo podemos necesitar Su poder de resurrección. La vida puede ser imprevisible. Sin embargo, si hemos creído y obedecido al Señor con anterioridad, estamos preparados para tomar de la vida de Dios. Si esta mujer hubiera resistido la palabra del Señor a través del profeta y hubiera superado la hambruna de alguna manera y su hijo hubiera muerto, no tendría ninguna conexión para pedir al Señor. Habría sufrido el dolor, la pena y el resultado de la muerte de su hijo. Este no fue el caso. Su obediencia a la palabra del profeta la había preparado para el momento en que necesitaría su poder de resurrección. Su alineación con el profeta le dio al profeta el derecho de solicitar al Tribunal del Cielo y presentar un caso en su nombre.

Antes de mostrarte algunos de los principios que el profeta utilizó para solicitar a los Tribunales, permíteme desvelar la idea de la alineación. La alineación es una actividad legal en el mundo espiritual. La alineación está casi siempre relacionada con dónde y cómo sembramos nuestras finanzas. Cuando Abraham honró a Melquisedec con su diezmo, permitió a Melquisedec impartir una bendición. Hebreos 7.6–8 muestra el resultado de que Abraham honrara a Melquisedec con su diezmo.

> *Pero aquel cuya genealogía no es contada de entre ellos, tomó de Abraham los diezmos, y bendijo al que tenía las promesas. Y sin discusión alguna, el menor es bendecido por el mayor. Y aquí ciertamente reciben los diezmos hombres mortales; pero allí, uno de quien se da testimonio de que vive.*

El diezmo de Abraham hizo una conexión con Melquisedec para que la bendición de Dios de él, como sumo sacerdote, pudiera ser impartida. Cuando operamos en el diezmo, nos estamos conectando con Jesús como nuestro Sumo Sacerdote, según la orden de Melquisedec. Nuestro diezmo testifica en nuestro favor ante los Tribunales del Cielo. Nos conecta con la vida y la actividad actual de Jesús por nosotros, como intercesor. ¡Es absolutamente apropiado solicitar la influencia de Jesús en nuestras vidas en base a nuestra obediencia con el diezmo! Sin embargo, el principio va más allá. Por revelación, Abraham sabía quién era Melquisedec en su época. Reconoció el honor que le correspondía a este hombre como sumo sacerdote de Dios. Abraham, como patriarca elegido por Dios para dar a luz una nación, honró a este hombre con su ofrenda. Esta actividad, al igual que con la viuda de Sarepta y su ofrenda, creó un alineamiento en el mundo espiritual. La revelación que tuvo Abraham de quién era este hombre le permitió honrarlo con sus finanzas. El resultado fue una alineación en el espíritu que permitió que una bendición le fuera impartida.

Muchas veces, estamos pidiendo la impartición de la bendición, sin crear la alineación a través del honor. El honor se representa tan a menudo a través de las finanzas. Cuando esto se pone en orden, el cielo lo reconoce y lo confirma. Esto es lo que ocurrió cuando la viuda lloró al profeta por la muerte de su hijo. Su alineación con el profeta le permitió a él presentarse en los Tribunales del Cielo en nombre de esta viuda. Utilicemos la alineación como medio para tener estatus en el cielo para la resurrección.

> Señor, te pido que al presentarme ante Tus Tribunales disponga mi vida para poder tener un estatus ante Ti. Que sea una persona de fe que crea tanto o más en el mundo invisible como en el reino visible. Me arrepiento de toda la incredulidad. Me arrepiento de haber puesto mi confianza en lo natural, en lugar de vivir mi vida desde lo sobrenatural. Que esta revelación altere mi forma de vivir. Pido alinearme con las personas adecuadas. Que mi alineación me conecte con aquellos que tienen estatus ante Ti.

Por lo tanto, que reciba el triunfo a partir del estatus que tienen. Permíteme seguir creciendo en mi lugar ante Ti. Permíteme practicar el principio de alineación que hará que mi caso sea escuchado ante Ti. Que la vida de resurrección sea mi porción en cada parte de mi vida. Te amo, Jesús, y que seas glorificado en y a través de mí. En el nombre de Jesús, amén.

Dios permitió al profeta, desde el estatus que tenía, hacer un caso para ella debido a su alineación. En primer lugar, la mujer consideró que su hijo había muerto por su pecado. No descartemos esto. Muchas veces, la muerte prematura es consecuencia de cuestiones de linaje. La iniquidad y los pactos realizados con los poderes demoníacos pueden otorgarles el derecho legal de devorar. Esta era la intención del diablo contra mi esposa, Mary. Hace unos años, cuando estaba en un hotel, viajando en una misión ministerial, tuve un sueño.

En mi sueño, Mary estaba de pie ante mí y hacía esta declaración: «Cada vez soy más fuerte». Sabía que estaba hablando de su bienestar físico. Mientras hacía esta declaración, su tía Mildred estaba de pie detrás de ella. Mildred llevaba muerta más de 20 años, en el momento de este sueño. Mary no era consciente de ella, pero yo la estaba «viendo». Mientras Mary hacía esta declaración, Mildred estaba de pie con los brazos cruzados. Sacudía la cabeza en señal de desacuerdo. Sabía que estaba diciendo:

«No, de hecho se está debilitando cada vez más y morirá prematuramente». Sabía que esto era el resultado de un plan del diablo contra las mujeres del linaje de Mary.

Al volver a casa, le conté a Mary el sueño. Le recordé que su madre había muerto a los 58 años. Mary me contó, entonces, que su abuela había muerto a los cuarenta y tantos años. Muy claramente, la intención del demonio era tomar a Mary antes de tiempo. El Señor estaba desvelando sus artimañas para que no cayéramos en ellas. Luego tuvimos una sesión en el Tribunal del Cielo y supimos, a través de la información profética, que un pacto con los demonios a través de la masonería era una fuente importante. El abuelo de Mary había sido masón. Ella se arrepintió, renunció y pidió que se anularan todos los pactos con los demonios. Entonces, también supimos que alguien de su estirpe había hecho un pacto con la muerte. Pedimos que también se anulara este pacto. El resultado fue el derecho del Señor a emitir un juicio contra todo lo que intentara apartar a Mary prematuramente de su vida y de su misión. De lo contrario, habría sido un derecho legal del diablo para utilizar algo en su historia generacional. Esto se frustró, gracias al arrepentimiento de Mary y a la sangre de Jesús que habló por ella en sus Tribunales.

Esto es similar a lo que declaró esta mujer. Era consciente de que el caso contra ella de su línea de sangre estaba permitiendo que su hijo muriera prematuramente. Le pidió al hombre de Dios que se ocupara de esto. El hombre de Dios hizo tres cosas que puedo ver en esta escritura. 1 Reyes 17.19 dice que el profeta llevó al hijo a su habitación.

> *El le dijo: «Dame acá tu hijo». Entonces él lo tomó de su regazo, y lo llevó al aposento donde él estaba, y lo puso sobre su cama.*

La palabra *estaba* es la palabra hebrea *yashab*. Significa sentarse como juez. El profeta llevó al niño al sistema judicial del cielo, donde actuó como juez. Es posible e incluso deseable que pasemos a ocupar un lugar de juez en los Tribunales del Cielo. En Isaías 43.26 se nos dice que funcionamos con Dios en esta capacidad.

> *Hazme recordar, entremos en juicio [contendemos] juntamente; habla tú para justificarte.*

La palabra *contender* es la palabra hebrea *palal*. Significa juzgar en la oración. La oraciónno es solo una petición al Señor. También puede ser operar como un juez de acuerdo con Sus juicios y el juez final. Este es el lugar en el que Elías entró cuando contendía por la resurrección del niño.

Desde este lugar de autoridad, comenzó a pedir al Señor. Elías comenzó a hacer un caso de justicia. Le preguntaba al Señor si era justo que este muchacho muriera. Le dijo a Dios: «¿Has traído la tragedia a esta viuda con la que me hospedo matando a su hijo?» Esta pregunta le recordó al Señor que esta viuda lo había acogido y honrado por lo que era. También le recordó al Señor, a través de esta pregunta, que por lo que había hecho esta viuda, le parecería mal que el niño estuviera muerto.

Saber cómo presentar un caso en los Tribunales del Cielo a través de la guía del Espíritu Santo puede ser esencial para ver la resurrección ocurrir. Este profeta apeló a la naturaleza justa de Dios a través de estas peticiones. A continuación, el profeta se extendió sobre el cuerpo del niño tres veces. Mediante este acto, impartió funcionalmente la unción de Dios, que es la vida de resurrección de Jesús. Cuando las cosas legales han sido puestas en su lugar, entonces la unción está libre para traer gran vida. La escritura dice que Dios *escuchó la voz* de Elías. En otras palabras, su caso en nombre de la mujer fue escuchado ante Dios. El resultado fue la vida de resurrección que fluyó en el hijo de la mujer.

> Gracias, Señor, que puedo tomar asiento ante ti como juez. Te pido que lo que Tú, Señor Jesús, has hecho por mí me permita tomar esta posición y este lugar. Así como Elías se sentó como juez, yo tomo mi lugar. Pido que se silencie cualquier lugar en el que algo de mi linaje esté hablando en mi contra. Te pido que tu sangre hable en mi favor, mientras me arrepiento por mí mismo y de cualquier historial de pecado. También te pido que la siembra de mis finanzas hable ante Ti, como lo hizo la de la viuda

de Sarepta. Que se me recuerde ante Ti con respecto a esto. Señor, que cualquier injusticia contra mí sea vengada. Así como consideraste a la viuda e hiciste que se revirtiera el destino, te ruego que lo hagas en mi favor. Señor, te pido que permitas que tu unción fluya en mi situación y traiga vida de resurrección. Que la unción de Dios rompa todo yugo. Que lo que está muerto y que yo amo mucho, ahora viva de nuevo, en el nombre de Jesús, amén.

Capítulo 10

SUEÑOS RESTAURADOS

Eliseo recibió de Elías la doble porción de la unción que llevaba. Se ha registrado que Eliseo hizo el doble de milagros que Elías. Hay al menos dos milagros de resurrección atribuidos a Eliseo. Uno era el hijo de la mujer sunamita. El otro fue un hombre muerto que tocó los huesos de Eliseo después de su propia muerte. En estos relatos, podemos ver los principios para devolver las cosas muertas a la vida desde el Tribunal del Cielo. La mujer sunamita era estéril, al parecer, y no podía tener un hijo. Sin embargo, por la palabra del Señor, concibió y dio a luz un hijo. Entonces, este hijo murió. Como en todas las demás resurrecciones, la resurrección de este hijo no fue solo un acto soberano. Se trata de la fe y la actividad de un pueblo o persona. 2 Reyes 4.17–37 comparte esta historia de resurrección. Es un relato de sueños cumplidos, sueños destruidos y sueños restaurados. Esto es lo que hace el poder de resurrección del Señor.

Mas la mujer concibió, y dio a luz un hijo el año siguiente, en el tiempo que Eliseo le había dicho.

Y el niño creció. Pero aconteció un día, que vino a su padre, que estaba con los segadores; y dijo a su padre: «¡Ay, mi cabeza, mi cabeza!»

Y el padre dijo a un criado: «Llévalo a su madre». Y habiéndole él tomado y traído a su madre, estuvo sentado en sus rodillas hasta el mediodía, y murió. Ella entonces subió, y lo puso sobre la cama del varón de Dios, y cerrando la puerta, se salió. Llamando luego a su marido, le dijo: «Te ruego que envíes conmigo a alguno de los criados y una de las asnas, para que yo vaya corriendo al varón de Dios, y regrese».

El dijo: «¿Para qué vas a verle hoy?» No es nueva luna, ni día de reposo».

Y ella respondió: «Paz». Después hizo enalbardar el asna, y dijo al criado: «Guía y anda; y no me hagas detener en el camino, sino cuando yo te lo dijere». Partió, pues, y vino al varón de Dios, al monte Carmelo.

Y cuando el varón de Dios la vio de lejos, dijo a su criado Giezi: «¡He aquí la sunamita! Te ruego que vayas ahora corriendo a recibirla, y le digas: "¿Te va bien a ti? ¿Le va bien a tu marido, Y a tu hijo?"»

Y ella dijo: «Bien». Luego que llegó a donde estaba el varón de Dios en el monte, se asió de sus pies. Y se acercó Giezi para quitarla; Pero el varón de Dios le dijo: «Déjala, porque su alma está en amargura, y Jehová me ha encubierto el motivo, y no me lo ha revelado».

Y ella dijo: «¿Pedí yo hijo a mi señor? ¿No dije yo que no te burlases de mí?»

Entonces dijo él a Giezi: «Ciñe tus lomos, y toma mi báculo en tu mano, y ve; si alguno te encontrare, no lo saludes, y si alguno te saludare, no le respondas; y pondrás mi báculo sobre el rostro del niño».

Y dijo la madre del niño: «Vive Jehová, y vive tu alma, que no te dejaré». El entonces se levantó y la siguió. Y Giezi había ido delante de ellos, y había puesto el báculo sobre el rostro del niño; pero no tenía voz ni sentido, y así se había vuelto para encontrar a Eliseo, y se lo declaró, diciendo: «El niño no despierta».

Y venido Eliseo a la casa, he aquí que el niño estaba muerto tendido sobre su cama. Entrando él entonces, cerró la puerta tras ambos, y oró a Jehová. Después subió y se tendió sobre el niño, poniendo su boca sobre la boca de él, y sus ojos sobre sus ojos, y sus manos sobre las manos suyas; así se tendió sobre él, y el cuerpo del niño entró en calor. Volviéndose luego, se paseó por la casa a una y otra parte, y después subió, y se tendió sobre él nuevamente, y el niño estornudó siete veces, y abrió sus ojos. Entonces llamó él a Giezi,

> *y le dijo: «Llama a esta sunamita». Y él la llamó. Y entrando ella, él le dijo: «Toma tu hijo». Y así que ella entró, se echó a sus pies, y se inclinó a tierra; y después tomó a su hijo, y salió.*

Este niño era una promesa de Dios que aparentemente fue arrebatada. Muchas veces, se le ha arrebatado a la gente verdaderas promesas. La Biblia realmente dice que debemos contender para recibir y experimentar una herencia completa en 2 Juan 8.

> *Mirad por vosotros mismos, para que no perdáis el fruto de vuestro trabajo, sino que recibáis galardón completo.*

No debemos perder las cosas por las que hemos trabajado en el Espíritu. Debemos obtenerlas y aferrarnos a ellas para tener una recompensa completa. Parece que el diablo vino a robar lo que esta mujer había esperado durante años. A ella se le había dado este niño de forma sobrenatural. En ese momento, ella estaba siendo despojada. El diablo quiere quitarnos todo con lo que Dios nos ha bendecido. Hay que saber contender y aferrarse a lo que es nuestro. Esta mujer lo hizo clamando por la resurrección. Le devolvieron lo que era suyo. ¿Cómo ocurrió esto? Recuerda que todas las cosas están desnudas y abiertas ante el Señor. Hebreos 4.13 nos dice que todas las cosas se ven y se conocen.

> *Y no hay cosa creada que no sea manifiesta en su presencia; antes bien todas las cosas están desnudas y abiertas a los ojos de aquel a quien tenemos que dar cuenta.*

Cosas que no creemos que hablen de nosotros, lo hacen por nosotros en los Tribunales del Cielo. El testimonio de lo que somos habla de nosotros ante el Señor. Esto era cierto para esta mujer, de modo que cuando necesitó resurrección pudo obtenerla. El testimonio que habla por ella permitió que se produjera la resurrección. El relato dice de esta mujer que era importante. 2 Reyes 4.8 habla de esto.

> *Aconteció también que un día pasaba Eliseo por Sunem; y había allí una mujer importante, que le invitaba insistentemente a que comiese; y cuando él pasaba por allí, venía a la casa de ella a comer.*

Este versículo habla de que esta mujer era importante, por lo que parece que así la vio el cielo. Puede que también tuviera reputación en la tierra, pero su verdadera reputación estaba en el cielo. Esta señora estaba llena de honor, integridad y rectitud. Era importante. La versión Reina-Valera Antigua dice que era *principal*.

> *Y aconteció también que un día pasaba Eliseo por Sunem; y había allí una mujer principal, la cual le*

constriñó á que comiese del pan: y cuando por allí pasaba, veníase á su casa á comer del pan.

Creo que esto significa que era *grande* ante el Señor. Así es como la Escritura habla de Juan el Bautista. Lucas 1.14-15 habla proféticamente de Juan antes de su nacimiento.

Y tendrás gozo y alegría, y muchos se regocijarán de su nacimiento; Porque será grande delante de Dios. No beberá vino ni sidra, y será lleno del Espíritu Santo, aun desde el vientre de su madre.

Cuando alguien es grande a los ojos del Señor, esto significa que es tenido en gran estima. Su consagración al Señor es de gran valor para el Señor. Esto fue así con Juan. Vivió como alguien totalmente entregado al Señor en todos los sentidos. Esto le hizo ser grande a los ojos del Señor. Debemos saber que la forma en que nos comportamos puede otorgarnos reputación ante el Señor. Esto refuerza nuestro efecto y poder en los Tribunales del Cielo. Podemos ver algo de la *grandeza* de esta mujer en sus actividades hacia Eliseo. En primer lugar, valoraba el carácter por encima de los dones. Cuando quiso que su marido consintiera en construir una habitación en su casa para que Eliseo se quedara, su motivación fue la santidad de Eliseo. 2 Reyes 4.9-10 nos comparte que esta mujer vio a Eliseo como un hombre santo, separado para Dios.

Y ella dijo a su marido: «He aquí ahora, yo entiendo que éste que siempre pasa por nuestra casa, es varón santo de Dios. Yo te ruego que hagamos un pequeño aposento de paredes, y pongamos allí cama, mesa, silla y candelero, para que cuando él viniere a nosotros, se quede en él.

La mujer ni siquiera intentaba obtener algo del don que llevaba Eliseo. Ella simplemente lo veía como alguien consagrado al Señor. Las personas que son grandes ante el Señor tienen este rasgo. Habla por ellos en el Tribunal del Cielo. Muchas personas pueden tener dones. Pocos, al parecer, andan de manera santa ante el Señor. Esta mujer discernió y valoró que Eliseo era un hombre santo, separado para el Señor, en su vida. Ella honró esto. Este honor de su santidad hizo que ella sembrara en su vida. Probablemente, sin saberlo, puso en práctica Mateo 10.41.

El que recibe a un profeta por cuanto es profeta, recompensa de profeta recibirá; y el que recibe a un justo por cuanto es justo, recompensa de justo recibirá.

Cuando esta mujer y su marido honraron al profeta construyendo la habitación en el lateral de la casa, honraron a Dios. Los santos hombres y mujeres de Dios son sus representantes. Cuando se les honra, es como si se honrara a Dios mismo. Este honor habló en los Tribunales del Cielo para esta mujer. Cuando recibieron, ayudaron y trataron amablemente a Eliseo, esto fue de gran valor ante el Señor. Esto hizo que el corazón del profeta se conmoviera. Su corazón se conmovió porque esto hablaba por la mujer en los Tribunales del Cielo. 2 Reyes 4.11–17 nos cuenta cómo el profeta declaró algo proféticamente y lo llamó a tomar lugar. Su palabra profética no informaba, sino que iniciaba. Esto es lo que muchos no entienden de lo profético. Cuando los santos profetas hablan, sus palabras ponen en marcha cosas para que ocurran. No se limitan a informar de lo que Dios hace, sino que provocan su realización.

Y aconteció que un día vino él por allí, y se quedó en aquel aposento, y allí durmió. Entonces dijo a Giezi su criado: «Llama a esta sunamita». Y cuando la llamó, vino ella delante de él. Dijo él entonces a Giezi: «Dile: "He aquí tú has estado solícita por nosotros con todo este esmero; ¿qué quieres que haga por ti? ¿Necesitas que hable por ti al rey, o al general del ejército?"»

Y ella respondió: «Yo habito en medio de mi pueblo».

Y él dijo: «¿Qué, pues, haremos por ella?»

Y Giezi respondió: «He aquí que ella no tiene hijo, y su marido es viejo».

Dijo entonces: «Llámala». Y él la llamó, y ella se paró a la puerta. Y él le dijo: «El año que viene, por este tiempo, abrazarás un hijo».

Y ella dijo: «No, señor mío, varón de Dios, no hagas burla de tu sierva».

Mas la mujer concibió, y dio a luz un hijo el año siguiente, en el tiempo que Eliseo le había dicho.

Observa que cuando Eliseo le preguntó si quería un favor especial de los que estaban en la autoridad, ella no tuvo ningún interés. No intentaba ser algo grande o conseguir algo especial. De nuevo, esto muestra el corazón de esta señora y lo que Dios estaba honrando. El profeta, entonces, profetizó que quedaría embarazada y tendría un hijo. Este era el anhelo secreto más profundo de su corazón. Está claro que ella se había decepcionado muchas veces. Tal vez no había podido concebir. Tal vez había concebido, pero había sufrido un aborto tras otro. Sea cual fuera su problema, había hecho que no quisiera volver a intentarlo. El dolor de la decepción era tan grande que no quería volver allí otra vez. Sin embargo, a través de la profecía, se descubrió su secreto. El Señor no solo le dio un hijo, sino que también sanó las décadas de desesperación y decepción. Lo sabemos porque, cuando el profeta lo declaró, su declaración implicaba que no podía soportar ni un solo desengaño más. Sin embargo, recibió el deseo de su corazón porque había *recibido y honrado* lo profético en este santo hombre de Dios. Todo esto habló en su favor en los Tribunales del Cielo. Dio testimonio de ella ante el Señor.

Al presentarme ante Tus Tribunales, oh Señor, te ruego que mi vida me engrandezca ante Ti. Perdóname, Señor, por las veces que he caminado de manera que no lo permití. Que el corazón y el espíritu de esta señora estén en mí. Que valore la santidad por encima de los dones. Que busque formas de servir, sin intenciones ocultas. Que haya en mí un corazón de honor que el cielo respete. Que yo reciba lo profético y honre a los recipientes que Tú has elegido para llevarlo. Te pido que todo esto hable ante Ti en relación conmigo. Así como rompiste la esterilidad en esta mujer, permite que tu palabra profética anuncie la concepción de lo que es santo en mí. Que se produzca para tu gloria y honor. En el nombre de Jesús, amén.

Sabemos que esta señora tuvo a su hijo, pero luego murió repentinamente. Aquí es donde tuvo lugar la resurrección. Como he dicho anteriormente, la resurrección de este niño no ocurrió sin más. La fe agresiva de esta mujer contendió para que su recompensa no se perdiera. El diablo vino a llevársela, pero su ferviente fe aseguró la resurrección de su hijo muerto. Hizo ciertas cosas que hablaron en los Tribunales del Cielo por ella. Cuando el niño murió en su regazo, ella tomó al niño y lo puso en la cama del profeta.

La razón por la que la cama del profeta estaba allí en su habitación era porque la habían construido *previamente* para él. A menudo, la gente espera a necesitar algo antes de *construirlo*. Para entonces, suele ser demasiado tarde. La razón por la que la habitación y la cama estaban allí era por el sacrificio previo que se había hecho. ¡Estaba hablando por ella y por su hijo muerto! Debemos hacer ahora las cosas que necesitaremos después. Si esperamos a necesitarlas, normalmente no funcionará. ¿Hemos dado, orado, desarrollado, servido y hecho otras cosas que están hablando por nosotros en este momento, mientras contendemos por la resurrección? Si lo hemos hecho, ellas hablarán en los Tribunales del Cielo por nosotros. Pueden ser llevadas ante el Señor para testificar en nuestro favor. Esto nos dará audiencia ante Él.

Mientras la mujer luchaba por la resurrección de su hijo, controlaba sus emociones y sus palabras. Cuando su marido e incluso el sirviente del profeta le preguntaron si las cosas estaban bien, ella dijo: «Están bien». La verdad es que no estaban bien. Nada más lejos de la realidad. Su hijo, su deseo, su promesa y su futuro habían muerto. Sin embargo, cuando se le preguntó, se negó a ceder a la histeria y a *aceptar* la situación. Definitivamente, estaba hablando por fe cuando hizo esta declaración.

Nuestras palabras tienen un gran impacto en los Tribunales del Cielo. Esta fue una de las primeras cosas que el Señor me enseñó sobre los Tribunales. El diablo toma nuestras palabras y las presenta contra nosotros y contra Su voluntad en Sus Tribunales. Mi hijo estuvo acosado por la depresión durante más de dos años, y gran parte del problema era lo que yo había dicho de él a su madre. Había hablado cosas críticas y negativas de él. El Señor me mostró claramente que el diablo estaba, de hecho, diciendo cosas ante el Señor contra mi hijo: «Hasta su propio padre dice esto de él». Tuve que arrepentirme y pedir que se anularan esas palabras. El resultado fue que mi hijo resucitó de este pozo de desesperación.

Esta mujer lo sabía intuitivamente. Se negó a dar lugar al diablo, dando un mal informe. Cuando se le preguntó si las cosas estaban bien, se limitó a decir: «Están bien». Este testimonio de su fe habló en los Tribunales del Cielo y preparó las cosas para la resurrección.

> Señor, al presentarme ante tus Tribunales, recuerdo a los Tribunales mi sacrificio anterior. Que quede constancia ante Tus Tribunales de que he honrado la profecía y los dones que me has permitido encontrar. Permite que mi anterior sacrificio a favor de ellos y tu obra hablen por mí ahora. También pido que se silencie cualquier palabra negativa que hable en contra de lo que deseo que resucite. Me arrepiento por mi parte al decir palabras malas y hacer críticas. Perdóname, Señor, y deja que ahora se silencien. Permite que sean anulados todos y cada uno de los casos de los enemigos contra las cosas para las que estoy contendiendo para que sean elevados a la vida.

Que tu glorioso poder y presencia traigan vida y poder a lo que está muerto, en el nombre de Jesús, amén.

Esta mujer continuó en su búsqueda de la resurrección de lo que el enemigo le había robado. No iba a dejar escapar su recompensa del Señor. Consiguió un sirviente para llevarla y le dijo que no aflojara el paso por ella a menos que se lo dijera. Esto habla de una fe agresiva. Muchas personas tienen una visión religiosa de la fe. Consideran que la fe es un *creer tranquilo* cuando en realidad ¡es una *búsqueda agresiva!* Por eso, su fe nunca obtiene lo que desean. Si queremos obtener del Señor lo que necesitamos y deseamos, debemos ir tras él con agresividad. Debemos tener un espíritu que diga que ningún costo es demasiado grande para pagarlo. Ningún precio es demasiado. Cualquier sacrificio necesario, lo haremos. Esta es la voz y la razón de la verdadera fe.

Cuando llegaron al profeta, él reconoció a esta mujer de lejos. Esta mujer se había encariñado tanto con este hombre de Dios que la conocía. ¿Hemos servido y ayudado a nivel práctico hasta el punto de ser conocidos? Esta mujer tenía un lugar especial en el corazón de este profeta. Cuando Giezi se acercó a empujarla porque se estaba entrometiendo, el profeta se levantó para defenderla. Lo que no se permitía a los demás, se le permitía a ella. Esta mujer presentó entonces un caso ante el profeta. Ella le dijo: «¿Te pedí un hijo?» En otras palabras, esto no fue mi idea. Yo no lo inicié. Entonces ella dijo: «¿No te dije que no me engañaras?» Esto es exactamente lo que temía—que una vez más me ilusionara y luego me arrebataran el sueño. Ella estaba trayendo al profeta a la situación con ella al recordarle.

Esta es una mujer sabia. Sabe que lo que Dios podría no hacer por ella, lo haría por su profeta. Su honor y revelación de quién es Eliseo ante el Señor está hablando por ella. Eliseo envía entonces a Giezi con el bastón para que intente devolver al muchacho a la vida. Sin embargo, la mujer sabe que solo la presencia del profeta servirá. No se dejará influenciar. Solo con que Eliseo la acompañe bastará. Cuando llegan a la casa, el profeta entra solo en la habitación. Extiende su cuerpo sobre el niño y entra en calor. Luego camina de un lado a otro de la habitación y lo hace de nuevo. Esta vez, el niño estornuda siete veces y despierta. El profeta llama entonces a la madre y le dice que recoja a su hijo. En cambio, la mujer se inclina a los pies del profeta y *luego* recoge a su hijo y se va.

Al caminar de un lado a otro, Eliseo estaba orando y buscando al Señor. Entonces, liberó la unción que llevaba en el cuerpo de este niño muerto. El resultado fue la resurrección. Quiero que veamos una cosa más que es significativa. Una vez que el niño resucitó de entre los muertos, cuando la madre entró para reunirse, ni siquiera se dirigió primero al hijo. Lo primero que hizo fue inclinarse ante el profeta. Se trata de una expresión doble. Era una adoración al Señor y un honor al vaso que Dios utilizó. Esto demuestra el profundo corazón de esta mujer. También nos muestra *cómo* recogemos lo que ha sido resucitado. Recogemos del Señor lo que ha sido resucitado a través de la *adoración*. La adoración y el honor hacen que seamos capaces de tomar lo que el Señor nos da. En medio del sueño, la promesa y la esperanza que se le devolvió a esta mujer, su primera declaración de adoración fue a Dios y al que Él utilizó. A través de esta actividad, recogió en el mundo de los espíritus lo que Dios le había devuelto de forma misericordiosa. No nos olvidemos de adorar, mientras la vida de resurrección nos devuelve las esperanzas. Honremos y adoremos al Señor, pero también honremos a los vasos utilizados para cumplir Su voluntad en la tierra.

> Señor, al presentarnos ante Tus Tribunales, agradecemos ser apreciados ante Ti. Señor, te pido que pueda servir de tal manera a tus ministros que incluso sea conocido a distancia por ellos. Que mi corazón sea de tal honor y amor que me lleve a la estimación de ellos ante Ti. Me doy cuenta de que esto tiene un gran poder ante Ti. También te pido, Señor, que cuando la unción de Dios devuelva la vida de resurrección a mis sueños, promesas y esperanzas que el enemigo podría haber robado, que yo adore y honre. Así como esta mujer se inclinó en adoración y honor en el acto de

«recoger» a su hijo, así yo te amo, te honro y te adoro. Permíteme sujetar, por medio de la adoración, lo que tu vida de resurrección ha traído de entre los muertos. Te adoro y honro a los que Dios ha puesto en mi vida. Que esto hable en Tus Tribunales por mí. En el nombre de Jesús, amén.

Capítulo 11

HUESOS DE VIDA

Al examinar las resurrecciones que se registran en el ministerio de Eliseo, hay una más—después de que Eliseo murió, un muerto tocó sus huesos. Este cadáver volvió a la vida, como resultado de la unción que aún contenían los huesos de Eliseo. Esta es una historia intrigante y una de mis favoritas en las Escrituras. En 2 Reyes 13.20–21, se relata este hecho.

> *Y murió Eliseo, y lo sepultaron. Entrado el año, vinieron bandas armadas de moabitas a la tierra. Y aconteció que al sepultar unos a un hombre, súbitamente vieron una banda armada, y arrojaron el cadáver en el sepulcro de Eliseo; y cuando llegó a tocar el muerto los huesos de Eliseo, revivió, y se levantó sobre sus pies.*

Había un funeral. Bandas de hombres asaltaban y se llevaban las posesiones y hacían estragos en la vida de Israel. Mientras se celebraba este funeral, los asistentes a la reunión vieron a estos asaltantes que seguramente les atacarían y saquearían. No podían terminar el funeral sin ponerse en peligro. Por eso, desesperados, abrieron la tumba de Eliseo y pusieron el cadáver a salvo. Probablemente, tenían la intención de volver cuando fuera seguro y poner el cadáver en la tumba correcta. El problema fue que, cuando el cadáver tocó los huesos descompuestos de Eliseo, ¡el muerto volvió a la vida! ¡Vaya!

Eliseo está en el más allá. No está en ninguna parte. Su espíritu ha partido hace mucho tiempo. Entonces, ¿qué permitió la resurrección del hombre? No hubo fe por parte de nadie. Eliseo no está liberando fe. El hombre que está siendo enterrado no está liberando fe. La gente que lo está enterrando simplemente está terminando las cosas para tratar de ponerse a salvo. ¿Qué permite que se produzca esta resurrección? Es la *sustancia de la unción que* aún está en los huesos de Eliseo. La unción del Espíritu es una parte esencial del poder de resurrección del Señor. Por muy importante que es el aspecto legal de la resurrección, también debemos tener la unción de Dios.

Lo vemos claramente en Lucas 13.12–13. Había una mujer encorvada en una condición durante 18 años. No tenía capacidad para mantenerse erguida. Cuando Jesús la vio, tuvo compasión de ella. Entonces le habló y liberó la unción.

Cuando Jesús la vio, la llamó y le dijo: «Mujer, eres libre de tu enfermedad». Y le impuso las manos, e inmediatamente se enderezó, y glorificó a Dios.

La palabra *liberado* es la palabra griega *apoluo*. Significa *liberar plenamente, perdonar, divorciar*. Esta palabra tiene que ver con la actividad legal. Jesús la liberó legalmente. Los reclamos legales que el diablo había estado utilizando para mantenerla en esta condición durante 18 años fueron, en ese momento, revocados y eliminados. Sin embargo, en ese momento, ella seguía inclinada. Sólo cuando Jesús *la tocó* con sus manos y le impartió la unción, se enderezó.

Si vamos a ver la vida de resurrección fluir en diferentes áreas de nuestra vida, debemos tener la unción de Dios. Esto significa que debemos aprender cómo funciona la unción. En el caso de Eliseo y el hombre que simplemente tocó sus huesos descompuestos, la unción residente en los huesos trajo al hombre muerto a la vida de nuevo. Una de mis definiciones para la unción es el poder de la resurrección de Dios. Cuando la unción del Espíritu Santo toca a una persona, lo que está muerto en ella, puede volver a vivir. La unción tiene el poder de alejar a los demonios, restaurar los tejidos enfermos, sanar las emociones, eliminar los obstáculos y mucho más. Isaías 10.27 nos dice que el aceite de la unción destruirá los yugos.

> *Acontecerá en aquel tiempo que su carga será quitada de tu hombro, y su yugo de tu cerviz, y el yugo se pudrirá a causa de la unción.*

Nota que la unción del Señor en nuestras vidas quitará las cargas y destruirá los yugos. Una carga es una presión o un peso sobre nuestras vidas. Es algo que nos preocupa. Es algo que domina nuestro pensamiento. El yugo es un elemento de limitación y control. Nos dice lo que podemos hacer y a dónde podemos ir. El yugo se utilizaba para controlar a los animales grandes y negarles la libertad. ¡El aceite de la unción eliminará la carga y destruirá el yugo! Una vez que las cosas legales estén puestas en orden, la vida y el poder de la resurrección se demuestran a través de la unción. Esto es lo que le ocurrió a la mujer que estaba inclinada. Las cuestiones legales se resolvieron ante la palabra de Jesús y el toque de Jesús liberó, entonces, la unción. El resultado del trabajo conjunto de ambos fue la libertad que la mujer no había tenido en 18 años.

Eliseo había recibido el manto de Elías cuando fue llevado al cielo. Recordarás que Eliseo había servido, fraternizado y caminado con Elías durante un largo tiempo. Cuando llegó el momento en que Elías fuera llevado al cielo, Eliseo le pidió una doble porción. Se le dijo que si *veía* que se lo llevaban, su petición sería atendida. Sabemos que esto sucedió. 2 Reyes 2.10–14 narra esta historia.

El le dijo: «Cosa difícil has pedido. Si me vieres cuando fuere quitado de ti, te será hecho así; mas si no, no». Y aconteció que yendo ellos y hablando, he aquí un carro de fuego con caballos de fuego apartó a los dos; y Elías subió al cielo en un torbellino.

Viéndolo Eliseo, clamaba: «¡Padre mío, padre mío, carro de Israel y su gente de a caballo!» Y nunca más le vio; y tomando sus vestidos, los rompió en dos partes. Alzó luego el manto de Elías que se le había caído, y volvió, y se paró a la orilla del Jordán. Y tomando el manto de Elías que se le había caído, golpeó las aguas, y dijo: «¿Dónde está Jehová, el Dios de Elías?» Y así que hubo golpeado del mismo modo las aguas, se apartaron a uno y a otro lado, y pasó Eliseo.

La clave para que Eliseo obtuviera la doble porción de la unción fue *ver*. Andar en la unción tiene que ver con la *revelación*. Todo lo que vea o de lo que tenga revelación, me permitirá funcionar en la unción y la vida de resurrección de Jesús. La unción acompaña a la revelación. Cuando vemos con nuestros ojos espirituales, se desata la unción del Señor en nosotros y para nosotros. Eliseo vio irse a Elías. Esto le permitió recibir el manto y andar en él. El resultado fue que llevó una unción de gran poder. Esta unción saturó toda su vida y su ser. La unción estaba claramente en el manto que recogió. Sin embargo, el hecho de llevar siempre el manto permitió que la unción saturara su vida hasta los huesos. El resultado fue que los huesos seguían llevando la sustancia de la unción, incluso después de que su espíritu hubiera abandonado su cuerpo.

Este es un hecho poco conocido en relación con la unción. Esta realidad sobre la unción cambió mi vida. Solía pensar en la unción de manera mística. Sin embargo, cuando descubrí que la unción era una sustancia invisible que podía llevar, empecé a orar por la gente con mucha más eficacia. Ya no clamaba a un Dios en el cielo. Ahora estaba liberando al más grande que vive en mí. Esto es lo que quiso decir Pedro cuando el cojo de la Puerta Hermosa fue curado en Hechos 3.6–8. Un mendigo que nunca había caminado experimentó el poder de Dios, gracias a lo que había en Pedro. Pedro le dio la sustancia de la unción que residía en él.

> *Mas Pedro dijo: «No tengo plata ni oro, pero lo que tengo te doy; en el nombre de Jesucristo de Nazaret, levántate y anda». Y tomándole por la mano derecha le levantó; y al momento se le afirmaron los pies y tobillos; Y saltando, se puso en pie y anduvo; y entró con ellos en el templo, andando, y saltando, y alabando a Dios.*

Pedro *le dio* lo que tenía. Fue una impartición de la sustancia de la unción. Por eso, la mujer con flujo de sangre fue curada sin que Jesús hiciera nada. La unción en el manto de Jesús fue suficiente para sanar a esta mujer enferma. Comprendió que la unción residente sobre y en Jesús había saturado esta prenda. Mateo 9.20–21 nos dice que la mujer ni siquiera quería una audiencia con Jesús. Sólo quería tocar la prenda. El resultado fue que su flujo de sangre de 12 años se secó inmediatamente.

> *Y he aquí una mujer enferma de flujo de sangre desde hacía doce años, se le acercó por detrás y tocó el borde de su manto; Porque decía dentro de sí: «Si tocare solamente su manto, seré salva».*

Su fe se extendió y se unió a la unción que había en el manto de Jesús. Se curó al instante. Por eso los pañuelos del cuerpo de Pablo trajeron la curación y la liberación en Hechos 19.11–12.

> *Y hacía Dios milagros extraordinarios por mano de Pablo, de tal manera que aun se llevaban a los enfermos los paños o delantales de su cuerpo, y las enfermedades se iban de ellos, y los espíritus malos salían.*

Algunos creen que se trata de trapos de sudor que Pablo utilizaba para limpiarse la frente mientras trabajaba en la fabricación de carpas. No solo llevaban el sudor del hombre de Dios, sino también la unción que había saturado su vida. La unción, por ser una sustancia, aunque no se vea, puede ser transmitida e impartida. Cuando comprendemos esto, nos damos cuenta de que la vida de resurrección de Dios vive en nosotros. Dejamos de pedirle al Señor que se manifieste y empezamos a manifestarlo. ¡Mayor es Él que está en nosotros! Él está en nosotros por la unción del Señor.

La verdad es que podemos lidiar legalmente con los asuntos y seguir sin ver los resultados que deseamos. Podemos ir ante los Tribunales del Cielo y hacer que las cosas legales sean puestas en orden. Cualquier resistencia contra nosotros puede ser eliminada. Todo esto se puede hacer correctamente y en orden y todavía no vemos que se manifieste la vida de resurrección. La razón es que no estamos llevando un peso de la unción que permita esto. Hay varios niveles de la unción que pueden estar en la vida de una persona. Sabemos esto porque Jesús caminó en la unción sin medida, según Juan 3.34 (LBLA).

Porque aquel a quien Dios ha enviado habla las palabras de Dios, pues Él da el Espíritu sin medida.

La razón por la que Jesús realizó tales milagros de poder fue porque tenía una unción sin restricciones. Esto significa que hay diferentes niveles de unción que podemostener. Si no tenemos una unción suficiente, podemos poner las cosas legales en orden y no ver las obras de Dios manifestarse. Cuando Jesús *liberó* a la mujer, hubo suficiente poder en su toque para enderezarla. Jesús había recibido del Señor el Espíritu sin medida. En otras palabras, no había límites en la unción que Él llevaba.

También sabemos que hay varios niveles de la unción porque se nos dice que pidamos más. En Lucas 11.13 se nos dice que el Padre dará *más* del Espíritu Santo, si se lo pedimos.

> *Pues si vosotros, siendo malos, sabéis dar buenas dádivas a vuestros hijos, ¿cuánto más vuestro Padre celestial dará el Espíritu Santo a los que se lo pidan?*

En Romanos 8.23, se nos dice que solo hemos recibido las «primicias» del Espíritu Santo. Esto significaría que hay mucho más de Él que no recibiremos en esta vida. Las primicias del Espíritu son tan gloriosas, ¿qué debe ser la plenitud de Él?

Dios es un Padre bueno que se deleita en darnos cosas buenas. Se complace en dotarnos de mayores reinos del Espíritu de Dios. Si se lo pedimos, el Señor nos concederá nuevos reinos de unción. El resultado será una unción suficiente para poner en marcha las obras de Dios. Cuando cualquier asunto legal sea resuelto en el mundo espiritual, entonces llevaremos una unción que permitirá que la gloria se manifieste.

Ninguno de nosotros llevará el Espíritu sin medida, como lo hizo Jesús. Su llamado, su consagración y su compromiso permitieron al Señor confiarle este nivel. Podemos llevar grandes dimensiones de la vida de resurrección de Dios. Independientemente de lo grande que sea la unción en nuestra vida, podemos ver cualquier cosa muerta devuelta a la vida. Podemos hacerlo a través de sucesivas imparticiones de la unción. Incluso Jesús lo hizo. ¿Recuerdas en Marcos 8.23-25 cuando Jesús sanó al ciego? Hicieron falta dos toques del Señor para que se curara por completo.

> *Entonces, tomando la mano del ciego, le sacó fuera de la aldea; y escupiendo en sus ojos, le puso las manos encima, y le preguntó si veía algo.*
>
> *El, mirando, dijo: «Veo los hombres como árboles, pero los veo que andan».*
>
> *Luego le puso otra vez las manos sobre los ojos, y le hizo que mirase; y fue restablecido, y vio de lejos y claramente a todos.*

Cuando entendemos que la unción es una sustancia que reside en nosotros, entonces sabemos lo que Jesús estaba haciendo aquí. El primer toque de la unción no fue suficiente para traer la sanación total. Por lo tanto, Jesús tomó la sustancia que había en Él y *añadió* a lo que ya había impartido. Esto permitió que llegara la sanación total. Si podemos entender esto, entonces podemos impartir sanación y vida de resurrección a cualquiera. Si la primera vez no se consigue el resultado, entonces hazlo de nuevo. Si eso no lo consigue, entonces añádele más. Sigue liberando la unción hasta que haya una liberación suficiente de esta unción para realizar la tarea. El resultado será la vida de resurrección de Jesús produciendo resultados que traen libertad y triunfo.

El diablo entiende los reinos legales del mundo espiritual. Él utilizará casos contra nosotros para impedir que la unción que llevamos tenga efecto. Aunque entonces no entendía el aspecto judicial del mundo espiritual, lo experimenté en Cuba. Ahora miro hacia atrás y puedo ver lo que el diablo quería hacer. Mi hijo, que era un adolescente en ese momento, y yo habíamos ido a Cuba en un viaje con otras personas. Íbamos a ministrar durante una semana. Llegamos a la primera ciudad un sábado por la noche e inmediatamente, nos acostamos para descansar para las actividades del domingo. Como es mi costumbre, me levanté temprano para orar y prepararme para los servicios de ese día. Cuando terminé de orar, tuve que ir a la habitación de una de las personas que había venido en este viaje. Tuve que salir y caminar por una pasarela para llegar a su habitación.

Mientras atravesaba, algo me llamó la atención. Me giré para mirar y era una joven completamente desnuda, bañándose. Quería que mirara y se exhibía ante mí. Cuando me di cuenta de lo que ocurría, sacudí la cabeza y aceleré el paso hacia la habitación a la que me dirigía. Sabía que el diablo quería que me comprometiera. Ahora sé que esto era para que él pudiera conseguir un caso legal contra mí para restringir la unción de fluir en y a través de mi vida. Él busca los derechos legales para lograr esto. Sin embargo, en ese momento, pasé la prueba. Tenía un compromiso con la santidad y ninguna transigencia con la carne.

Luego fuimos a las reuniones. Esta reunión fue dirigida por un hombre que era un estimado líder de la iglesia cubana. Había sido encarcelado por Castro al menos tres veces por predicar el evangelio. Se trataba de un experimentado hombre de Dios que había pagado mucho por su fe. Llegó el momento de hablar. Mientras hablaba, la presencia del Señor entró de repente en la habitación. El peso de la unción apareció de repente. No lo sabía, pero en una parte de la habitación que no podía ver, habían traído a una persona en una cama que llevaba ocho años postrada. Cuando la unción de Dios invadió la sala, hubo una conmoción en esa parte de la sala. De repente, alguien salió. La gente estaba extasiada. Me explicaron cuál había sido el estado de esta persona. El Señor lo había curado de repente y se había levantado de la cama por primera vez, en ocho años. Caminaba y se movía. Fue un momento glorioso. El líder que dirigía la reunión se adelantó entonces para hablar. Dijo con lágrimas: «Me arrepiento. No creía. Pensé que se trataba de otro estadounidense que había venido a tomar fotos. Ahora veo la unción». A raíz de esta reunión, dondequiera que íbamos en todas partes de la isla la semana siguiente, la gente se reunía. Algunos recorrieron largas distancias para llegar hasta donde estábamos. Se produjeron milagros, se sanaron cuerpos, se produjeron liberaciones y se vio mucho poder. Todo esto sucedió porque no transigí en mi pureza, ni le di al diablo el derecho legal de restringir la unción. Estoy convencido de que esto no habría ocurrido si lo hubiera hecho.

Si vamos a llevar una unción suficiente para ver que este tipo de cosas suceden y aún mayores, debemos vivir de una manera que no conceda al diablo ninguna reclamación legal contra nosotros. Él sabe que la unción es el poder de resurrección de Dios. Desea detenerlo como sea. Siempre tratará de descubrir una reclamación legal contra este poder. Si vivimos santamente y buscamos el rostro del Señor, no se le concederá ninguno. La sustancia de la unción que estaba en los huesos de Eliseo también estará con nosotros. Dará vida a todas las cosas muertas que toque.

Señor, al presentarme ante tus Tribunales, te agradezco por tu sangre que me da acceso. Te agradezco que las demandas legales para detener Tu deseo sean revocadas. La sangre de Jesús habla por mí y hace que se ordenen estas cosas legales. Te pido, Señor, que además de que todo lo legal esté puesto en orden, haya una unción suficiente residiendo en mi vida. Pido «más» del Espíritu Santo. Déjame vivir de tal manera que cualquier reclamo legal para restringir la unción pueda ser revocado. Ayúdame, Señor, a estar consagrado, comprometido y llamado a llevar la unción necesaria para que se manifieste la vida de resurrección. Que la sustancia de esta unción esté ahora sobre mí. ¿Permitirás que crezca y aumente para que abran nuevos reinos de triunfo? Te entrego mi corazón y te lo pido en el nombre de Jesús, amén.

Capítulo 12

DISCERNIR EL CUERPO DEL SEÑOR

Mi sospecha sería que Pedro resucitó a muchos de los muertos en su ministerio. Después de todo, caminó con Jesús y vio todo lo que había hecho, mientras estaba en la tierra. Sin embargo, la única ocasión en las Escrituras en la que vemos a Pedro liberar el poder de la resurrección para devolver a la vida a una persona literalmente muerta fue con Dorcas, o Tabita, como también se le llamaba. Lo vemos en Hechos 9.36–42. Este fue claramente un gran milagro que ocurrió en esta región de la tierra.

> *Había entonces en Jope una discípula llamada Tabita, que traducido quiere decir, Dorcas. Esta abundaba en buenas obras y en limosnas que hacía. Y aconteció que en aquellos días enfermó y murió. Después de lavada, la pusieron en una sala. Y como Lida estaba cerca de Jope, los discípulos, oyendo que Pedro estaba allí, le enviaron dos hombres, a rogarle:*

«*No tardes en venir a nosotros*». *Levantándose entonces Pedro, fue con ellos; Y cuando llegó, le llevaron a la sala, donde le rodearon todas las viudas, llorando y mostrando las túnicas y los vestidos que Dorcas hacía cuando estaba con ellas. Entonces, sacando a todos, Pedro se puso de rodillas y oró; y volviéndose al cuerpo, dijo:* «*Tabita, levántate*». *Y ella abrió los ojos, y al ver a Pedro, se incorporó. Y él, dándole la mano, la levantó; entonces, llamando a los santos y a las viudas, la presentó viva. Esto fue notorio en toda Jope, y muchos creyeron en el Señor.*

Se nos dice que Tabita o Dorcas era una discípula. Formaba parte de la iglesia de Jope. Al parecer, enfermó repentinamente y esta enfermedad la llevó a la muerte. El hecho de que enviaran a buscar a Pedro porque estaba cerca, revela un principio de la resurrección que a menudo se pasa por alto. En la iglesia de Jope, no había nadie con la autoridad o la unción para resucitar a Tabita de entre los muertos. Debía haber la sensación de que había muerto prematuramente. Debió ser que a través de la enfermedad, el diablo había podido quitarla antes de tiempo. Tal vez, algunos habían intentado levantarla después de su muerte, pero no había funcionado. Como se dieron cuenta de que Pedro estaba a unas seis o nueve millas de ellos en Lida, enviaron a buscarlo. Enviar por Pedro fue con la comprensión de la unción y la autoridad que llevaba en Dios. Lo estimaban a él y al don que poseía. Esto es lo que la Biblia en 1 Corintios 11.27–30 llama *discernir el cuerpo del Señor*. Al enseñar sobre la Cena del Señor, el apóstol Pablo hace esta declaración.

De manera que cualquiera que comiere este pan o bebiere esta copa del Señor indignamente, será culpado del cuerpo y de la sangre del Señor. Por tanto, pruébese cada uno a sí mismo, y coma así del pan, y beba de la copa. Porque el que come y bebe indignamente, sin discernir el cuerpo del Señor, juicio come y bebe para sí. Por lo cual hay muchos enfermos y debilitados entre vosotros, y muchos duermen.

Como resultado de no *discernir el cuerpo del Señor*, la gente estaba sufriendo con cosas que no debían. Algunos incluso habían muerto prematuramente por no entender este principio. Una vez más, el apóstol Pablo habla de esto con respecto a la ordenanza de la comunión. Debemos saber que, en la comunión, estamos celebrando y recordando el cuerpo que Jesús ofreció por nosotros en la cruz. Jesús nos dijo claramente en Lucas 22.19–20 que cuando tomamos el pan y la copa, estamos reconociendo y recibiendo de lo que Él hizo en su cuerpo *literal*. Hay poderosas verdades en esto para nosotros al discernir el peso de su crucifixión. Sin embargo, hay otra *expresión* de Su cuerpo y es el cuerpo de *muchos miembros*. Somos nosotros, la iglesia. Pablo nos dice en 1 Corintios 10.16–17 que cuando participamos de la Cena del Señor, estamos participando no solo de su cuerpo literal, sino también del cuerpo de muchos miembros.

> *La copa de bendición que bendecimos, ¿no es la comunión de la sangre de Cristo? El pan que partimos, ¿no es la comunión del cuerpo de Cristo? Siendo uno solo el pan, nosotros, con ser muchos, somos un cuerpo; pues todos participamos de aquel mismo pan.*

No solo debemos discernir y valorar el cuerpo literal del Señor que colgó en la cruz, sino que también debemos discernir y valorar el cuerpo de muchos miembros. Esto significa que nuestra revelación de quiénes son las personas en el Señor es esencial. La verdad es que todo aquello por lo que Jesús murió en la cruz se administra a través del cuerpo de Cristo. Sí, podemos recibir directamente del Señor. Sin embargo, la mayoría de las veces lo que Dios hace en nosotros y por nosotros ocurre a través de su cuerpo. Se necesita el cuerpo de muchos miembros para administrar la unción del Espíritu Santo que nos suministra funcionalmente todo lo que Jesús nos dio legalmente.

Recuerda, el Espíritu Santo está aquí para aplicar en nuestras vidas, en realidad, todo lo que Jesús obtuvo legalmente para nosotros. Lo hace a través del cuerpo de muchos miembros. Sin embargo, si no discernimos quiénes son las personas, podemos aislarnos de lo que llevan. 2 Corintios 5.16–17 nos dice que debemos conocer a las personas, según el Señor y no en lo natural. Si los conocemos solo en lo que parecen ser naturalmente, podemos alejarnos de recibir la dispensación que llevan en Dios.

De manera que nosotros de aquí en adelante a nadie conocemos según la carne; Y aun si a Cristo conocimos según la carne, ya no lo conocemos así. De modo que si alguno está en Cristo, nueva criatura es; las cosas viejas pasaron; he aquí todas son hechas nuevas.

No debemos evaluar quién es alguien, según la carne. Todos lo hacemos, pero es imprudente. Debemos evaluar y discernir quiénes son las personas, según el Espíritu. Debemos conocerlos como la nueva creación de Dios y no según la antigua de la carne. La gente permite que la idiosincrasia los aleje de la unción. Juzgan a las personas por sus gestos, su personalidad y su forma de hacer las cosas. Consideran que Dios nunca podría formar parte de tal cosa. Sin embargo, Él está tan a menudo. Nuestro juicio sobre ellos en nuestros propios corazones y mentes nos impide recibir la porción de la unción que Dios les ha dado para llevar.

Esta es una de las razones por las que la gente estaba débil, enferma y moría prematuramente en la iglesia de Corinto. No estaban percibiendo y valorando la unción que Dios había dado a las personas. Se estaban separando de los mismos que podrían haber administrado la vida de resurrección de Dios en sus vidas. Esto *no* es lo que hizo la gente de Jope. No eran competitivos ni celosos. No tenían envidia de alguien que ostentaba algo que ellos no tenían. No pensaron que si iban por Pedro, este los eclipsaría y se llevaría la gloria y el crédito. No, reconocieron que ¡llevaba algo que nadie en su entorno tenía! Por lo tanto, enviaron a buscarlo. En esta situación, ellos percibieron el cuerpo del Señor y reconocieron la unción y la autoridad con la que Pedro caminaba. El resultado fue que Dorcas o Tabita no murió prematuramente. Fue resucitada y devuelta a la vida.

Muchas veces, no experimentamos el poder de resurrección de Jesús porque somos críticos, competitivos y no nos humillamos ante los demás. Tal vez no nos guste quiénes son en la carne; por lo tanto, no nos aprovechamos de lo en que operan.

Me encontraba en una situación ministerial en la que había enseñado sobre el poder y la gloria de Dios en la sanación. Cuando terminé, la presencia del Señor llegó con mucha fuerza. Uno de los líderes se acercó a mí y me preguntó de dónde había sacado ese poder. Tuvieron el suficiente discernimiento para reconocer que estas cosas no ocurren porque sí. Suelen ser el resultado de una conexión divina que imparte algo. Dudé en decírselo porque de *quien* lo recibí es criticado con mucha frecuencia. De hecho, veo por qué la gente es crítica y prejuiciosa, pero nunca dejé que las peculiaridades de personalidad me disgusten.

El ministerio que me impactó tanto y que permitió este nivel de impartición ha sido criticado por extravagancia, distanciamiento, rudeza y otras cuestiones. Sin embargo, aunque podía ver por qué la gente podía sentirse así y juzgar este ministerio de esa manera, también podía ver el nivel de unción en el que andaban. Por lo tanto, elegí dejar de lado cualquier juicio y conectarme para poder caminar en esa unción. Al fin y al cabo, yo no tenía ni voz ni voto sobre las cosas que se criticaban, y eran entre Dios y este ministerio. Todo lo que sabía era que el nivel de unción era mucho más fuerte de lo que había visto en cualquier otra persona.

El resultado fue una unión que permitió esta impartición que llevo hasta hoy. El poder sanador de Dios funciona en nuestro ministerio al nivel que lo hace hoy porque fui capaz de entrever a través de todo lo que otros criticaban y apegarme a la unción que Dios había elegido otorgar. Creo que Dios otorga la unción a personas *extrañas*, a veces, solo para ver si podemos recibirla de ellos. ¿Somos capaces de discernir el cuerpo del Señor y obtener cosas de los vasos imperfectos porque reconocemos la vida de resurrección que fluye a través de ellos? Romanos 14.4es una escritura a la que haríamos bien en atenernos con respecto a estas cosas.

¿Tú quién eres, que juzgas al criado ajeno? Para su propio señor está en pie, o cae; pero estará firme, porque poderoso es el Señor para hacerle estar firme.

¿Quién me creo que soy para juzgar a alguien que es el siervo de Dios y que Él ha elegido para ungir? Su estar en pie o caída es entre Dios y él. Mi trabajo debe ser evaluar quién es alguien en Dios para que pueda recibir de él. Cuando lo hago, estoy accediendo al poder de resurrección de Dios a través de un vaso que de otro modo podría haber invalidado. En lugar de ser débil, enfermizo e incluso morir prematuramente, seré fuerte, sano y viviré una vida larga y satisfactoria en Dios. Que el Señor nos libre de las actitudes críticas y sentenciosas para que podamos apreciar quiénes son las personas en el cuerpo de Cristo. Podríamos ver a algunas Dorcas resucitadas, si lo hacemos.

Al presentarme ante Tus Tribunales, Señor, me doy cuenta de que puedo haberme apartado de Tu vida de resurrección al no discernir Tu cuerpo adecuadamente. ¡Me arrepiento! Purifícame y perdóname por toda actitud arrogante y altiva que haya desechado a alguien por cosas que no me gustaban de él. Lo siento mucho. Cualquier caso que el diablo tenga contra mí por esto, pido que sea revocado y silenciado. Te pido poder discernir adecuadamente Tu cuerpo, que pueda recibir de la unción que llevan las personas. Que todo lo que obtuviste legalmente para mí por tu sacrificio me sea administrado a través de aquellos que has ungido. Señor, elijo ser como los de Jope. Libero toda competencia, juicios, celos e ignorancia y recibo de los vasos que Tú has elegido. En el nombre de Jesús, amén.

Hay una cosa más que me gustaría señalar sobre la resurrección de Dorcas a través del ministerio de Pedro. Fíjate que cuando él llegó, echó a todo el mundo, incluso a la gente bienintencionada. Como hemos dicho anteriormente, la atmósfera es muy importante para que fluya el poder de resurrección. Al remover a todos, Pedro se apoderó del entorno y preparó el escenario para la resurrección. Sin embargo, lo principal que quiero que notemos es que Pedro se arrodilló y oró. Creo que estaba averiguando si era la intención de Dios resucitar a Dorcas. ¿Era la voluntad de Dios que Dorcas volviera?

Cuando estamos contendiendo por la resurrección de algo, debemos hacer lo mismo. Debemos asegurarnos de que es la voluntad de Dios devolver algo a la vida. A veces, ha sido el propósito de Dios que algo muera. Esto puede ser muy doloroso para nosotros. Debemos estar dispuestos a dejarlo ir. De lo contrario, seguimos intentando devolver a la vida lo que Dios dejó morir a propósito. Lo hacemos con las relaciones, los ministerios, las empresas y otras cosas. Hay momentos en los que el Señor había terminado con algo y necesitaba que siguiéramos adelante. Sin embargo, nos apegamos emocionalmente y nos cuesta soltar y seguir adelante. Estoy seguro de que hubo mucho dolor en torno a la muerte de Dorcas. El deseo natural era que quisieran que ella resucitara. La pregunta era, ¿lo quería Dios? Pedro quería asegurarse de que era el deseo de Dios que Dorcas volviera y no solo el de la gente. Así que, se arrodilló y oró para discernir la voluntad del Señor en esta situación. Claramente, estaba convencido de que el propósito de Dios era resucitarla.

La otra cosa que Pedro hacía al orar era discernir si todavía había algo que se resistía a la resurrección de ella. Una vez que determinó que la intención de Dios era levantarla, si todavía había algo pendiente en los Tribunales, debía ser revocado y eliminado. Creo que Pedro se ocupó de todo esto, antes de resucitarla de entre los muertos.

Al estar en Tus Tribunales, Señor, me arrepiento de haber tratado de levantar algo que Tú dejaste morir. Me arrepiento de haber contendido donde tenía que rendirme a Tu voluntad. Pido que se elimine toda conexión emocional con cualquier cosa que Tú hayas terminado. Te permito poseer mi corazón y cambiar mis deseos. Quiero dejar ir lo viejo y pasar a lo nuevo. Que quede constancia ante Tus Tribunales de que te entrego todo a Ti.

Señor, también digo ante ti que si es tu intención resucitar esto de nuevo a la vida, que se revoque cualquier reclamación contra mí o contra lo que está muerto. Pido que la sangre de Jesús hable y silencie todas las voces. Que se renuncie a toda reclamación legal y se permita que solo las voces del cielo hablen ahora por mí y por esto que se va a levantar. En el nombre de Jesús, amén.

Observa que Pedro oró y estuvo en comunión con Dios para discernir la voluntad del Señor, pero cuando llegó el momento de resucitar a Dorcas, no oró, sino que decretó. Uno de nuestros problemas para ver fluir la vida de resurrección es que seguimos pidiéndole a Dios que lo haga, ¡cuando deberíamos hacerlo nosotros! Cuando decidimos que es el corazón del Señor para que algo sea resucitado, deja de pedirle al Señor que lo haga. Al igual que Pedro dijo: «¡Tabita, levántate!», nosotros debemos proclamar la vida de resurrección. De la autoridad y la voz de Pedro fluyó el poder de la resurrección y ella abrió los ojos y se incorporó.

Esto puede parecer una cuestión menor, pero no lo es. La postura que adoptamos en la oración puede determinar si algo sucede o no. Cuando nosotros, como Pedro, hemos orado a través de una situación, hemos tratado con los asuntos legales en los Tribunales del Cielo, y hemos discernido que es la voluntad de Dios resucitar, debemos entonces comenzar a decretar. No es hora de seguir pidiendo a Dios. Es el momento de decretar una cosa hasta que suceda. Esto es lo que nos hace saber Job 22.27–30. No solo hemos de pedir, sino que hemos de proclamar y anunciar.

> *Orarás a él, y él te oirá; y tú pagarás tus votos. Determinarás asimismo una cosa, y te será firme, y sobre tus caminos resplandecerá luz. Cuando fueren abatidos, dirás tú: «Enaltecimiento habrá»; y Dios salvará al humilde de ojos. El libertará al inocente, y por la limpieza de tus manos éste será librado.*

Debemos orar a Él, pagar nuestros votos, o lo que hemos prometido al Señor. Debemos declarar una cosa y verla realizada. Fíjate que cuando uno está abatido, nuestra palabra de decreto hará que venga la exaltación. ¡Hablaremos y los inocentes se salvarán gracias a nuestras palabras! Este es el poder del decreto. Esto es lo que Jesús dijo a sus discípulos cuando los envió a operar en el poder de la resurrección. Mateo 10.7–8 muestra el encargo de Jesús a estos.

> *Y yendo, predicad, diciendo: El reino de los cielos se ha acercado. Sanad enfermos, limpiad leprosos, resucitad muertos, echad fuera demonios; de gracia recibisteis, dad de gracia.*

Se nos dice que *nosotros* debemos curar a los enfermos. Debemos limpiar a los leprosos. Debemos resucitar a los muertos. Debemos expulsar a los demonios. No les dijo que le pidieran a Dios que lo hiciera. ¡Dijo que *ellos* lo hicieran! Debemos tomar nuestra posición de autoridad y, desde quién y qué vive en nosotros, liberar el poder sobrenatural de la resurrección. Jesús dijo que lo que se nos ha dado gratuitamente, lo liberemos a los demás y en otras situaciones. El resultado será el poder de resurrección del Señor fluyendo para devolver las cosas muertas a la vida. Volverán a vivir porque hemos entrado en la autoridad que nos ha concedido el Señor. No pediremos; anunciaremos. No vamos a rogar, vamos a proclamar. No vamos a pedir, vamos a exigir. La vida de la resurrección fluirá y todo lo que ha de vivir, volverá a vivir.

> Al presentarme ante Tus Tribunales, me arrepiento de no haber ocupado mi lugar de autoridad ante Ti, Señor. Proclamaré, anunciaré y decretaré una cosa y veré que se cumpla. Pondré en marcha los juicios de Dios desde Tus Tribunales. Esto es lo que hago a través de mis decretos. Estoy anunciando Tu voluntad e intención, así llamándola a tomar su lugar hasta que se manifieste completamente. Gracias, Señor, por enseñarme a funcionar en este nivel de autoridad, desde tus Tribunales. La recibo y ando en ella, en el nombre de Jesús, amén.

Capítulo 13

DE LO CATASTRÓFICO A LO RECONFORTANTE

El apóstol Pablo está en Troas, ministrando a la iglesia en un largo servicio. Está claro que Pablo tiene mucho que decir a esta iglesia, ya que su plan es partir por la mañana hacia su próximo destino. Mientras ministra hasta bien entrada la noche, uno que está escuchando a Pablo predicar en el tercer piso del edificio cae desde la ventana y muere. Hechos 20.7–12 nos cuenta esta historia.

> *El primer día de la semana, reunidos los discípulos para partir el pan, Pablo les enseñaba, habiendo de salir al día siguiente; y alargó el discurso hasta la medianoche. Y había muchas lámparas en el aposento alto donde estaban reunidos; Y un joven llamado Eutico, que estaba sentado en la ventana, rendido de un sueño profundo Por cuanto Pablo disertaba largamente, vencido del sueño cayó del tercer piso abajo, y fue levantado muerto. Entonces*

> *descendió Pablo y se echó sobre él, y abrazándole, dijo: «No os alarméis, pues está vivo». Después de haber subido, y partido el pan y comido, habló largamente hasta el alba; y así salió. Y llevaron al joven vivo, y fueron grandemente consolados.*

Este joven llamado Eutico no podía mantenerse despierto. Eutico era un nombre común de esclavo. Tal vez esto era lo que él era. Su nombre significa *«bienaventurado»*, *«afortunado»* . Tal vez este joven estaba sentado en la ventana para tomar el aire fresco de la noche. Por la razón que sea, esta tragedia ocurrió. La iglesia se había reunido para escuchar a este eminente apóstol. Habían partido el pan, comulgado y celebrado el sacrificio de Jesús. Estoy seguro de que Pablo les estaba impartiendo la verdad espiritual para fortalecer su fe. Había hablado durante mucho tiempo cuando este joven simplemente se quedó dormido y, en medio de ellos, cayó desde el tercer piso al suelo.

Murió. Qué suceso tan desgarrador. Lo que había sido un día de cambio de vida bebiendo de la sabiduría e impartición de este apóstol, parece terminar trágicamente. Se nos dice que mientras Pablo lo resucitaba de entre los muertos les dijo que no se alarmaran. Esta palabra, *«alarmado»*, es la palabra griega *«thorubeo»*, y significa *«tumulto»*, *«perturbación»*, *«ruido»*, *«alboroto»*. En otras palabras, las cosas eran caóticas y estaban en un estado catastrófico. La gente estaba en una condición de miedo y completa agitación. Sin embargo, el apóstol Pablo no solo llevaba un reino de palabra, sino también de poder. Se nos dice en 1 Corintios 4.20 que el reino de Dios no es una filosofía, sino un poder.

Porque el reino de Dios no consiste en palabras, sino en poder.

La triste realidad es que gran parte del cristianismo occidental ha relegado el evangelio a uno de razón, cuando debe ser uno del poder de resurrección. Pablo nos dice en 1 Corintios 2.4-5 que cualquier palabra que dijera tenía que liberar el poder de Dios. De lo contrario, la fe de la gente se quedaría en meras palabras y no en una experiencia actual del poder de Dios.

Y ni mi palabra ni mi predicación fue con palabras persuasivas de humana sabiduría, sino con demostración del Espíritu y de poder, para que vuestra fe no esté fundada en la sabiduría de los hombres, sino en el poder de Dios.

La sabiduría de los hombres nunca sostendrá a las personas en tiempos difíciles. Sin embargo, la experiencia en el poder de Dios nos sostendrá e impulsará en esos momentos. La gente debe estar equipada con el poder de resurrección de Dios y no solo con una buena enseñanza. En Josué 24.31 se nos dice que las generaciones siguientes no siguieron al Señor porque no conocían su poder. Solo el poder de Dios mezclado con la buena doctrina es lo que basta para sostenernos.

> *Y sirvió Israel a Jehová todo el tiempo de Josué, y todo el tiempo de los ancianos que sobrevivieron a Josué y que sabían todas las obras que Jehová había hecho por Israel.*

No sabemos qué enseñó Pablo en esa noche en Troas. Sin embargo, sabemos que resucitó a un joven muerto. Esto es lo que se recuerda de esa noche. De esto, trató la conversación al día siguiente y durante muchos días. Probablemente, nadie sabía cuál había sido el mensaje de Pablo. Sin embargo, recordaron el poder de resurrección de Jesús fluyendo en este joven.

Otra cosa que me dice esto es que Pablo no tuvo que detenerse y *prepararse* para resucitar a este joven de entre los muertos. Pablo vivió su vida en un estado *preparado*. Lo que quiero decir con esto es que él caminaba de tal manera con el Señor que cualquier cosa que se necesitara en el momento, Pablo estaba preparado para enfrentar el desafío. En 2 Timoteo 4.2 (NTV), vemos que Pablo exhorta a Timoteo a estar siempre preparado.

> *Predica la palabra de Dios. Mantente preparado, sea o no el tiempo oportuno. Corrige, reprende y anima a tu gente con paciencia y buena enseñanza.*

De lo catastrófico a lo reconfortante

Debemos caminar siempre llenos de fe, ricos en la palabra y llenos del Espíritu. Debemos mantenernos en un estado de preparación. Tanto si sabemos que algo es necesario de antemano como si se nos impone, estamos preparados en nuestro espíritu. Esto era claramente donde Pablo estaba. Se mantenía preparado, sea o no el tiempo oportuno. Cuando este joven cayó a la muerte, Pablo pudo entrar en acción y cambiar una circunstancia que de otro modo hubiera sido nefasta. El resultado fue que lo que habría sido catastrófico se convirtió en un momento de gran consuelo.

> Señor, mientras nos encontramos en Tus Tribunales, te pido que viva mi vida en preparación. Ayúdame a no vivir una vida transigida, sino una vida consagrada. Permite que esto hable, por favor, ante Ti y tus Tribunales. Que se sepa que soy una persona que está preparada a tiempo y fuera de tiempo. Que si hay necesidad de la vida de resurrección, la llevo conmigo dondequiera que vaya. Úsame, Señor, como tu vaso para tocar vidas, incluso en un instante, si es necesario. En el nombre de Jesús, amén.

El resultado de esta resurrección fue el *consuelo*. Esta es la palabra griega *parakaleo*. Significa *llamar cerca*. En otras palabras, esta resurrección fue muy significativa para los presentes. Testificó que fueron *llamados cerca.* Les decía que eran los elegidos del Señor y que su favor estaba sobre ellos. No hay nada como la vida confirmadora y afirmadora de Dios. Borra y erradica las dudas, los miedos y la incertidumbre de nuestra vida. Nos hace audaces y seguros en nuestro Dios. Cuando este joven fue resucitado, no sólo se sintieron reconfortados porque no vivirían la vida sin él, sino que tuvieron la seguridad de que Dios estaba con ellos. Cuando sabes que Dios está contigo, nada puede abrumarte. Ya no importa quién esté en tu contra. Romanos 8.31–39 habla de esta seguridad.

> *¿Qué, pues, diremos a esto? Si Dios es por nosotros, ¿quién contra nosotros? El que no escatimó ni a su propio Hijo, sino que lo entregó por todos nosotros, ¿cómo no nos dará también con él todas las cosas? ¿Quién acusará a los escogidos de Dios? Dios es el que justifica. ¿Quién es el que condenará? Cristo es el que murió; más aun, el que también resucitó, el que además está a la diestra de Dios, el que también intercede por nosotros. ¿Quién nos separará del amor de Cristo? ¿Tribulación, o angustia, o persecución, o hambre, o desnudez, o peligro, o espada? Como está escrito:*
>
> *«Por causa de ti somos muertos todo el tiempo;*
> *Somos contados como ovejas de matadero».*
>
> *Antes, en todas estas cosas somos más que vencedores por medio de aquel que nos amó. Por lo cual estoy*

> *seguro de que ni la muerte, ni la vida, ni ángeles, ni principados, ni potestades, ni lo presente, ni lo por venir, ni lo alto, ni lo profundo, ni ninguna otra cosa creada nos podrá separar del amor de Dios, que es en Cristo Jesús Señor nuestro.*

La idea no es que no tengamos cosas y personas en contra. La idea es que no tienen ninguna eficacia cuando el Señor está para nosotros. Cuando somos conscientes del amor con el que Él nos ama, nos hace más que vencedores. Aunque nos «maten» por su causa todo el día, todos los días, creemos en el poder de la resurrección de Jesús. Ser «asesinados» habla de los problemas, la tensión emocional y las presiones que sufrimos. Sin embargo, gracias a su amor, ¡vencemos! Cualquier acusación presentada contra nosotros es desestimada y revocada porque somos los elegidos de nuestro Dios.

Cuando este joven fue levantado, llamó a estas personas a acercarse y puso una fuerza en lo más profundo de sus corazones. Esto es lo que hace por nosotros una experiencia en el poder de la resurrección de Jesús. Cuando sabes que la propia muerte está sometida a Él, nada puede intimidarte ni retenerte con miedo. Le servirás y darás tu vida si es necesario con la confianza de su poder de resurrección.

> Señor, te pido que quede constancia en tus Tribunales de que muero diariamente porque creo en tu vida de resurrección. Por lo tanto,

¿permites que esta vida fluya en mí y a través de mí hacia los demás? Estoy convencido de que nada puede destruirme en última instancia. Tienes poder sobre todas las cosas, incluso sobre la muerte. Nadie es capaz de presentar una acusación contra mí a causa de tu sangre que habla por mí. Tú mismo estás orando e intercediendo por mí. Por lo tanto, soy más que un conquistador. Tu poder de resurrección hace que siempre triunfe y prevalezca. Soy imparable y victorioso en todas las cosas, gracias a tu vida de resurrección. Pido que esto se presente ante Tus tribunales. Como resultado de esto, que te muestres glorioso en mi nombre. En el nombre de Jesús, amén.

Capítulo 14

PASIÓN CELESTIAL

Hay una ocasión de resurrección que se encuentra en Hechos 14.8–20. La historia comienza con la sanación por parte de Pablo de un hombre que nació lisiado. El resultado es que la gente busca adorar a Pablo y a Bernabé. Los convencen de que no lo hicieran; sin embargo, las cosas cambian y Pablo acaba siendo apedreado por algunas de las personas que antes intentaban adorarle.

> *Y cierto hombre de Listra estaba sentado, imposibilitado de los pies, cojo de nacimiento, que jamás había andado. Este oyó hablar a Pablo, el cual, fijando en él sus ojos, y viendo que tenía fe para ser sanado, dijo a gran voz: «Levántate derecho sobre tus pies». Y él saltó, y anduvo. Entonces la gente, visto lo que Pablo había hecho, alzó la voz, diciendo en lengua licaónica: «¡Dioses bajo la semejanza de hombres han descendido a nosotros!» Y a Bernabé llamaban Júpiter, y a Pablo, Mercurio, porque éste*

era el que llevaba la palabra. Y el sacerdote de Júpiter, cuyo templo estaba frente a la ciudad, trajo toros y guirnaldas delante de las puertas, y juntamente con la muchedumbre quería ofrecer sacrificios.

Cuando lo oyeron los apóstoles Bernabé y Pablo, rasgaron sus ropas, y se lanzaron entre la multitud, dando voces y diciendo: «Varones, ¿por qué hacéis esto? Nosotros también somos hombres semejantes a vosotros, que os anunciamos que de estas vanidades os convirtáis al Dios vivo, que hizo el cielo y la tierra, el mar, y todo lo que en ellos hay. En las edades pasadas él ha dejado a todas las gentes andar en sus propios caminos; Si bien no se dejó a sí mismo sin testimonio, haciendo bien, dándonos lluvias del cielo y tiempos fructíferos, llenando de sustento y de alegría nuestros corazones». Y diciendo estas cosas, difícilmente lograron impedir que la multitud les ofreciese sacrificio.

Entonces vinieron unos judíos de Antioquía y de Iconio, que persuadieron a la multitud, y habiendo apedreado a Pablo, le arrastraron fuera de la ciudad, pensando que estaba muerto. Pero rodeándole los discípulos, se levantó y entró en la ciudad; Y al día siguiente salió con Bernabé para Derbe.

Las multitudes parecían ser fáciles de persuadir. En un momento estaban adorando a Pablo y Bernabé, o al menos intentándolo. Al momento siguiente, por influencia de otros, estaban apedreando a Pablo hasta la muerte. Algunos se preguntan si Pablo estaba realmente muerto o no. Sin embargo, aunque no estuviera muerto, habría estado tan herido que no habría podido levantarse y volver a la ciudad. Esto me llevaría a creer que realmente fue apedreado hasta la muerte. La Biblia dice que los discípulos se reunieron alrededor de él en un círculo. Estoy seguro de que estaban orando. Independientemente de lo que hicieran o dejaran de hacer, Pablo se levantó y volvió a la ciudad. Había resucitado.

Algunos creen que este podría haber sido el tiempo del que habla en 2 Corintios 12.1–4 cuando estaba fuera de su cuerpo. Habla con bastante vaguedad en su esfuerzo por comunicar lo que experimentó. Incluso insinúa que tal vez fue otra persona, pero sugiere fuertemente que en realidad fue él. Habló de ver cosas ilícitas para hablar.

> *Ciertamente no me conviene gloriarme; pero vendré a las visiones y a las revelaciones del Señor. Conozco a un hombre en Cristo, que hace catorce años (si en el cuerpo, no lo sé; si fuera del cuerpo, no lo sé; Dios lo sabe) fue arrebatado hasta el tercer cielo. Y conozco al tal hombre (si en el cuerpo, o fuera del cuerpo, no lo sé; Dios lo sabe), que fue arrebatado al paraíso, donde oyó palabras inefables que no le es dado al hombre expresar.*

En un esfuerzo por no intentar impresionar a la gente con este encuentro, busca desviar cualquier gloria. No quiere que la gente piense en él de una forma desmedida. Sin embargo, dice que fue arrebatado al tercer cielo o al trono de Dios. Declara que hubo palabras inexpresables que escuchó y cosas tan fuera de este mundo que serían difíciles de comprender. Como resultado de lo que Pablo vio y escuchó, vivió su vida con el deseo de ese lugar después de este. Por eso, ciertas escrituras revelan su pasión por el reino celestial. Filipenses 1.21–26 muestra esta lucha en la que se encontraba Pablo.

> *Porque para mí el vivir es Cristo, y el morir es ganancia. Mas si el vivir en la carne resulta para mí en beneficio de la obra, no sé entonces qué escoger. Porque de ambas cosas estoy puesto en estrecho, teniendo deseo de partir y estar con Cristo, lo cual es muchísimo mejor; Pero quedar en la carne es más necesario por causa de vosotros. Y confiado en esto, sé que quedaré, que aún permaneceré con todos vosotros, para vuestro provecho y gozo de la fe, para que abunde vuestra gloria de mí en Cristo Jesús por mi presencia otra vez entre vosotros.*

El deseo de partir y estar con Cristo había surgido de su encuentro anterior. Tal vez cuando fue apedreado, murió y entró en ese reino por un tiempo. Esto le dejó un anhelo en su corazón que la tierra nunca podría llenar.

Sin embargo, su sentido del amor y de la responsabilidad hacia la iglesia aquí en la tierra le hizo quedarse. Esto nos muestra, en cierto modo, lo que puede producir un encuentro con el reino celestial. Vemos esta misma pasión en Pablo en 2 Corintios 5.1–8. Pablo lo llama un *gemido* tan intenso que nunca pudo realizarse completamente aquí. Quería la dimensión celestial que había encontrado.

> *Porque sabemos que si nuestra morada terrestre, este tabernáculo, se deshiciere, tenemos de Dios un edificio, una casa no hecha de manos, eterna, en los cielos. Y por esto también gemimos, deseando ser revestidos de aquella nuestra habitación celestial; pues así seremos hallados vestidos, y no desnudos. Porque asimismo los que estamos en este tabernáculo gemimos con angustia; porque no quisiéramos ser desnudados, sino revestidos, para que lo mortal sea absorbido por la vida. Mas el que nos hizo para esto mismo es Dios, quien nos ha dado las arras del Espíritu.*
>
> *Así que vivimos confiados siempre, y sabiendo que entre tanto que estamos en el cuerpo, estamos ausentes del Señor (porque por fe andamos, no por vista); Pero confiamos, y más quisiéramos estar ausentes del cuerpo, y presentes al Señor.*

Su deseo de estar ausente del cuerpo y presente con el Señor podría haber venido definitivamente de su visita al cielo, después de haber sido asesinado por lapidación. Sin embargo, fue resucitado a la vida. La mayoría de nosotros nunca hará un viaje al cielo y luego regresará. No creo que esto sea necesario. Podemos experimentar de tal manera la vida de resurrección de Jesús ahora que nace en nosotros esta pasión por el reino celestial. La verdad es que la mayoría de la iglesia es carnal hoy en día. Se conforman con ir al cielo cuando mueran. Cuando hemos experimentado su vida de resurrección, debería impulsarnos a un nuevo nivel de deseo por Él. De nuevo, Colosenses 3.1–3 declara que si hemos participado de Su vida de resurrección, esto debería crear una pasión por las cosas celestiales.

> *Si, pues, habéis resucitado con Cristo, buscad las cosas de arriba, donde está Cristo sentado a la diestra de Dios. Poned la mira en las cosas de arriba, no en las de la tierra. Porque habéis muerto, y vuestra vida está escondida con Cristo en Dios.*

Noten que *si somos resucitados con Cristo*, deberíamos tener un nuevo conjunto de deseos que se apoderan de nosotros. Mi oración por todos nosotros es que desde nuestro lugar de resucitados, pongamos nuestra mente en las cosas de arriba. Nos cautivarían y nos controlarían más que las cosas del mundo. Estaríamos dispuestos a pagar un precio para tener todo en lo que estamos llamados a caminar. Esto es cuando el avivamientovendrá y será una señal de que el avivamiento ha llegado a la iglesia. Me han dicho que durante el avivamiento galés, cerraron los bares, se suspendieron los partidos de fútbol y otras actividades mundanas. Esto no se debe a que algunos de ellos sean malos. Fue porque un avivamiento de su vida de resurrección había tocado la tierra. Cuando seamos tocados por este poder, las otras cosas del mundo perderán su atractivo. El brillo y el resplandor de las actividades carnales ya no nos atraerán. Hemos sido tocados por algo más grande y glorioso.

> Señor, mientras me encuentro en Tus Tribunales, te pido que tenga una pasión por encontrar el reino celestial. Perdóname por mis deseos carnales que pesan más que el anhelo espiritual. Deja que tu vida de resurrección en mí ponga mi mente y mi atención en las cosas celestiales. Que me separe para Ti y para lo que es de Ti. Que la misma pasión que había en el apóstol Pablo esté también en mí. Que mi devoción sea para Ti porque he vislumbrado tu gloria. Por lo tanto, nada en este mundo puede volver a satisfacer completamente. Permíteme convertirme en una verdadera persona espiritual que anhela más los reinos del cielo que de esta tierra. Permite, Señor, que esto me conceda incluso encuentros en Tus Tribunales,

donde las cosas se emiten debido a mi estado ante Ti. Te lo pido en el nombre de Jesús, amén.

Lo que llevó a la lapidación de Pablo, y luego a su resurrección, fue el movimiento de lo milagroso. El hombre que había nacido lisiado fue curado repentina y milagrosamente. El mismo poder de resurrección que resucitó a Pablo fue el que llevó a realizar el milagro. Efesios 1.19–20 nos dice que la resurrección de Jesús fue la mayor demostración del poder de Dios. Este mismo poder está ahora hacia nosotros.

> Y cuál la supereminente grandeza de su poder para con nosotros los que creemos, según la operación del poder de su fuerza, la cual operó en Cristo, resucitándole de los muertos y sentándole a su diestra en los lugares celestiales.

En realidad, Pablo estaba orando para que nuestros ojos espirituales y nuestra conciencia se abrieran para que pudiéramos reconocer este poder. Este mismo poder que sacó a Jesús de la tumba está ahora accesible para nosotros. Esto significa que nada es imposible para nosotros. La clave de este poder es la iluminación de nuestros ojos. Si podemos percibir, por revelación, el poder de Dios hacia nosotros, podemos acceder a él. Conocer algo por revelación es a menudo la clave crítica para operar en él. Por ejemplo, Dios le dijo a Abraham que por muy lejos que pudiera ver, esa tierra sería suya. Lo encontramos en

Génesis 13.14–15 cuando Lot se separó de Abraham. La tierra que tendría Abraham estaba relacionada con lo lejos que podía ver.

> *Y Jehová dijo a Abram, después que Lot se apartó de él: «Alza ahora tus ojos, y mira desde el lugar donde estás hacia el norte y el sur, y al oriente y al occidente. Porque toda la tierra que ves, la daré a ti y a tu descendencia para siempre».*

Obsérvese que la tierra que Abraham pudo ver le fue dada a él y a sus descendientes. ¿Será que nuestra capacidad de ver también determina lo que reciben las generaciones posteriores? Esto significa que tenemos que ver con fe. La gente de revelación ve lo que se le escapa a otros. El resultado de que vean algo que otros no ven suele llevar a algunos a llamarlos tontos. Sin embargo, su capacidad de ver algo como posible les hace introducir cosas que cambian el mundo.

Me encanta ver los programas del Canal de Historia que tratan sobre las máquinas que hicieron a América lo que es. También hay otros sobre la comida que hizo a América, y otras cosas también. La constante en todos estos programas es que hubo una persona o un puñado de personas que pudieron ver lo que otros no pudieron. Ya sea un tractor que sustituya a las mulas en el campo o la invención de las latas para conservar los alimentos en las estanterías durante largos periodos de tiempo, alguien lo imaginó antes de que existiera. Esto es lo que es *ver*. Es el poder de imaginar algo y creer en ello con tanta fuerza que no te detendrás hasta que suceda.

Abraham vio lo que iba a ser su tierra y la de sus descendientes. Dios prometió que le daría esta tierra. Habría necesidad de poseerla, pero les fue asignada por Dios. ¿Qué te ha prometido Dios? ¿Qué puedes ver que no ven los demás? Nuestra forma de ver es muy importante. Recuerda que Dios elogió a Jeremías por su forma de ver en Jeremías 1.11-12. Jeremías vio una rama de un almendro. Esto pareció entusiasmar al Señor.

> *La palabra de Jehová vino a mí, diciendo: «¿Qué ves tú, Jeremías?»*
>
> *Y dije: «Veo una vara de almendro».*
>
> *Y me dijo Jehová: «Bien has visto; porque yo apresuro mi palabra para ponerla por obra».*

En esta etapa en particular, Israel como nación estaba en decadencia y se había alejado del Señor. El almendro es uno de los pocos árboles que brotan y florecen en invierno. Cuando Jeremías pudo ver a Israel como ese almendro, floreciendo y prosperando incluso cuando estaba en un tiempo de invierno de estar lejos de Dios, esto realmente emocionó a Dios. Él sabía que tenía un profeta a través del cual podía trabajar. Podía *ver* en la fe y no solo en las circunstancias naturales.

Como gente que ve, no debemos ver lo que es. Debemos ver lo que puede ser y lo que será. Esto nos permite poseer el futuro en lugar de repetir el pasado y el presente. La capacidad de ver se debe a que tenemos la convicción del poder de resurrección de Dios. Que no importa lo que las cosas puedan ser ahora, a través de la vida de resurrección de Jesús pueden y van a vivir de nuevo. Pablo trajo la vida de resurrección al hombre que estaba lisiado de los pies. Esa misma vida de resurrección lo levantó de entre los muertos cuando fue apedreado. Debemos ser capaces de ver este poder que va hacia nosotros. Cuando lo hagamos, ¡nada será imposible para nosotros!

> Señor, te ruego que me concedas ojos iluminados y que puedan ver. Que pueda ver el poder de Dios que se demostró en la resurrección de Jesús y saber que viene hacia mí. Pido que se revoque cualquier acuerdo con la incredulidad que me impida ver como debo. Cualquier cosa en mi línea de sangre que esté potenciando este espíritu de la razón que aniquila la fe, ¿me perdonarías por ello? Deja que sus derechos sean revocados y permíteme creer en Ti y ver lo milagroso de Dios manifestado en las situaciones de mi vida. Así como Pablo se movió en el poder de la resurrección e hizo que el hombre lisiado fuera sanado, que todo lo lisiado en mí sea elevado a la vida en el Nombre de Jesús, amén.

Capítulo 15

LA RESURRECCIÓN DE LOS SANTOS

Al examinar las diferentes resurrecciones en la Biblia para que podamos creer en su poder de resurrección, no debemos olvidar la resurrección de los santos, después de que Jesús fue resucitado. Son las primicias de la resurrección de los muertos que todos experimentaremos. Mateo 27.50–53 nos comparte un suceso sorprendente relacionado con la resurrección de Jesús.

> *Mas Jesús, habiendo otra vez clamado a gran voz, entregó el espíritu.*
>
> *Y he aquí, el velo del templo se rasgó en dos, de arriba abajo; y la tierra tembló, y las rocas se partieron; y se abrieron los sepulcros, y muchos cuerpos de santos que habían dormido, se levantaron; y saliendo de los sepulcros, después de la resurrección de él, vinieron a la santa ciudad, y aparecieron a muchos.*

Después de la resurrección de Jesús, que tenía que ser la primicia de los muertos, santos de antaño fueron resucitados y vistos. La acción legal de Jesús en la cruz, en nuestro favor, hizo dos cosas mencionadas aquí. En primer lugar, el velo del templo se rasgó en dos de arriba a abajo. Este velo había sido colocado por Dios en el tabernáculo original. Permitió que Dios habitara en medio de su pueblo, pero mantuvo a Dios y al pueblo separados, para que su santidad no trajera juicio. Solo un hombre, el sumo sacerdote, una vez al año podía ir detrás de este velo y comulgar con Dios, sobre todo, haciendo el trabajo legal en nombre del pueblo de Dios. Su trabajo detrás de ese velo le daría a Dios el derecho legal de bendecir al pueblo en lugar de juzgarlo por su pecado. Él rociaría la sangre del Cordero de la Pascua en este lugar santísimo. Esta sangre *hablaría* en nombre de la nación de Israel y haría retroceder sus pecados durante un año. Esto debía hacerse cada año, en el Día de la Expiación. De lo contrario, los juicios de un Dios santo caerían sobreel pueblo de Dios y la nación de Israel. Hebreos 9.3–8 nos habla de este velo y de lo que había detrás de él. También nos dice lo qué hacía el velo y por qué había que quitarlo.

> *Tras el segundo velo estaba la parte del tabernáculo llamada el Lugar Santísimo, el cual tenía un incensario de oro y el arca del pacto cubierta de oro por todas partes, en la que estaba una urna de oro que contenía el maná, la vara de Aarón que reverdeció,*

y las tablas del pacto; y sobre ella los querubines de gloria que cubrían el propiciatorio; de las cuales cosas no se puede ahora hablar en detalle.

Y así dispuestas estas cosas, en la primera parte del tabernáculo entran los sacerdotes continuamente para cumplir los oficios del culto; Pero en la segunda parte, sólo el sumo sacerdote una vez al año, no sin sangre, la cual ofrece por sí mismo y por los pecados de ignorancia del pueblo; dando el Espíritu Santo a entender con esto que aún no se había manifestado el camino al Lugar Santísimo, entre tanto que la primera parte del tabernáculo estuviese en pie.

El hecho de que el velo estuviera colocado era una indicación de que el camino hacia el Lugar Santísimo no estaba disponible para nosotros. Observa que detrás de este velo había un incensario de oro y el arca del pacto. El incensario de oro habla del incienso de la adoración y la oración, mientras que el arca del testimonio nos habla de la presencia manifiesta del Señor. Con esta *presencia*, estaba la olla de oro del maná que es la *provisión de Dios*. También estaba la vara de Aarón que brotó. Es la *autoridad de Dios*. Luego estaban las tablas del pacto que Dios le dio a Moisés, o los diez mandamientos. Esto habla de la *ley o norma de Dios*.

Estas tres cosas nos dicen algo de lo que contiene la presencia y la gloria de Dios cuando entramos en ella. Podemos experimentar la provisión del Señor en nuestra vida y así será. Esto es decir espiritualmente, dentro de nuestra alma, de forma física, financiera, y en todos los sentidos. Dios es nuestro proveedor, y cuando entramos en el Lugar Santísimo, estas cosas se encuentran en su temible y gloriosa presencia. También dentro de esta presencia, está la autoridad de Dios. Cuando nos movemos y operamos en y desde la presencia del Señor, las montañas se mueven. Podemos pronunciar una palabra y ver que las cosas se ponen en orden divino. Se producen sanaciones y muchas otras cosas, porque de la presencia del Señor fluye la autoridad de Dios.

La otra cosa mencionada es la palabra o norma del Señor. También hay una convicción y una presión de la norma de santidad y pureza de Dios que viene de la presencia del Señor. Cuando llegamos a su presencia, nos damos cuenta de nuestros defectos. Esto no es de una manera condenatoria, sino que Dios nos mueve a su santidad, que es nuestro deleite. Esto es porque somos una nueva creación en Cristo Jesús y nuestro viejo hombre está muerto.

Observa que el velo se rasgó de arriba a abajo. Sobre la base de la obra legal de Jesús, que su muerte proporcionó, Dios pudo arrancar lo que le había separado de nosotros y a nosotros de Él. Ya no sería un solo hombre, una vez al año, el que viniera a esta presencia. Ahora, gracias a que la sangre y el cuerpo de Jesús hablan legalmente por nosotros, podemos entrar en cualquier momento. Esto es lo que se nos dice en Hebreos 10.19–22.

> *Así que, hermanos, teniendo libertad para entrar en el Lugar Santísimo por la sangre de Jesucristo, por el camino nuevo y vivo que él nos abrió a través del velo, esto es, de su carne, y teniendo un gran sacerdote sobre la casa de Dios, acerquémonos con corazón sincero, en plena certidumbre de fe, purificados los corazones de mala conciencia, y lavados los cuerpos con agua pura.*

Ahora entramos en el Lugar Santísimo por un camino nuevo y vivo. Este es el cuerpo y la sangre de Jesús que se ofreció. Ahora se ha hecho el camino para que entremos. Se nos dice que simplemente vengamos con un corazón verdadero, con plena seguridad de fe, permitiendo que la sangre de Jesús limpie todo lo que nos condena, y que nuestro cuerpo sea limpiado con agua, que creo que es el bautismo en agua. Tenemos pleno acceso a su gloria porque cuando Jesús murió en la cruz, ¡el trabajo legal necesario se hizo por nosotros! Simplemente, tenemos que poner la confianza en lo que hizo Jesús y saber que ¡Dios ha rasgado el velo que nos separaba debido y en base a esa obra!

> Señor, al presentarme ante tus Tribunales, te doy las gracias por todo lo que has hecho por mí con tu sacrificio. Gracias porque cuando moriste en la cruz, toda cosa legal se cumplió. Ahora puedo entrar en el Lugar Santísimo porque, Señor, has rasgado y desgarrado lo que

nos separaba en dos. Aprovecho al máximo esta prestación legal y me muevo por fe hacia tu gloriosa presencia. Gracias porque en esta presencia hay provisión, autoridad y poder para vivir una vida santa. Gracias, Señor Jesús, por todo lo que hiciste legalmente por mí en la cruz. Gracias también, Espíritu Santo, por ayudarme, como mi ayuda legal, a verlo plenamente aplicado y experimentado. Te amo y te agradezco por esto en el nombre de Jesús, amén.

La segunda cosa que sucedió cuando Jesús murió mientras estaba en la cruz fue que las tumbas fueron *abiertas*. Esto significa que la muerte y la tumba ya no tienen poder sobre nosotros. Ya no morimos y permanecemos muertos. Somos sacados de este lugar porque Jesús rompió legalmente el poder de la muerte, el infierno y la tumba. 1 Corintios 15.53–57 hace grandes y asombrosas declaraciones sobre nuestro futuro.

> *Porque es necesario que esto corruptible se vista de incorrupción, y esto mortal se vista de inmortalidad. Y cuando esto corruptible se haya vestido de incorrupción, y esto mortal se haya vestido de inmortalidad, entonces se cumplirá la palabra que está escrita: «Sorbida es la muerte en victoria».*
>
> *«¿Dónde está, oh muerte, tu aguijón?*

¿Dónde, oh sepulcro, tu victoria?»

ya que el aguijón de la muerte es el pecado, y el poder del pecado, la ley. Mas gracias sean dadas a Dios, que nos da la victoria por medio de nuestro Señor Jesucristo.

Cuando Jesús murió en la cruz, pagó legalmente el precio de cualquier cosa que reclamara el derecho de retenernos en la tumba. Estamos destinados a ser resucitados en nuestra propia incorrupción para no volver a morir. Hasta ese momento, cuando Jesús murió, los justos que habían muerto estaban en un *lugar de espera* llamado Paraíso o Seno de Abraham. No se les permitió entrar en las recompensas eternas del cielo. Esto se debe a que no hubo un sacrificio suficiente para permitirlo. La sangre de los toros y de los machos cabríos no podía purificarnos y hacer el trabajo legal necesario para que esto sucediera. Sin embargo, cuando Jesús murió se proporcionó todo lo que se requería legalmente. En el momento en que murió, se abrieron las tumbas, o lo que los mantenía fuera del cielo de Dios. ¡El pago legal se había realizado! Por eso, se nos dice que «Él llevó cautiva la cautividad». Esto se encuentra en Efesios 4.8.

Por lo cual dice: «Subiendo a lo alto, llevó cautiva la cautividad, y dio dones a los hombres».

Se trata de una referencia a los que habían sido retenidos en el Seno de Abraham o en el Paraíso. Estos esperaban un sacrificio suficiente para poner las cosas legalmente en orden y poder ir a sus recompensas eternas. La muerte de Jesús proporcionó esto. Nótese que aunque las tumbas fueron abiertas, no salieron de ellas hasta después de la propia resurrección de Jesús. Esto se debe a que Él tenía que ser las primicias de los muertos. 1 Corintios 15.20 declara que así es como sabemos que todos seremos resucitados. Él es la primicia de los que han dormido.

Mas ahora Cristo ha resucitado de los muertos; primicias de los que durmieron es hecho.

Cuando los santos salieron de la tumba después de su resurrección, fue un testimonio de las consecuencias de lo que Jesús había logrado. A pesar de que su tumba y todo lo legal que los mantenía en este lugar espiritualmente estaba ahora puesto en orden, Jesús tenía que ser el primero en salir de la tumba. Cuando se levantó y llevó su propia sangre a los Tribunales literales del Cielo para hablar por nosotros, llevó consigo a todos estos que habían esperado que esto se hiciera. Ahora eran libres de pasar a la siguiente fase de su existencia espiritual. Los sepulcros que los retenían se abrieron, y con Jesús ascendieron al cielo y a toda su gloria. Todas y cada una de las reclamaciones legales contra nosotros que podrían hacer que nuestra tumba se cerrara fueron ahora resueltas por Jesús. Su sangre y su cuerpo hablan ahora por nosotros y ya no podemos ser cautivos de la muerte. Hebreos 2.14-15 nos habla de este fenómeno.

Así que, por cuanto los hijos participaron de carne y sangre, él también participó de lo mismo, para destruir por medio de la muerte al que tenía el imperio de la muerte, esto es, al diablo, y librar a todos los que por el temor de la muerte estaban durante toda la vida sujetos a servidumbre.

La muerte de Jesús destruyó las pretensiones legales del diablo de atormentarnos con el miedo a la muerte. La muerte de Jesús destruyó legalmente al diablo. Esto nos libera del miedo a la muerte y de la esclavitud que supone para las personas. Gracias a la muerte, sepultura y resurrección de Jesús, la muerte ya no es una amenaza. Las tumbas están abiertas, y pasaremos a la vida eterna al morir y recibiremos cuerpos glorificados en la resurrección. Todo gracias a la obra legal de Jesús en nuestro favor en la cruz.

Señor, al presentarnos ante tus Tribunales, te agradecemos todo lo que tu muerte realizó. Gracias porque la tumba que permanecía cerrada y de amenaza se ha abierto. Señor, has muerto y has resucitado. Has subido a lo alto y has llevado cautiva la cautividad. La tumba está abierta y Tú, Señor, has prevalecido. Todas las amenazas del diablo se rompen. Gracias porque ya no tengo que vivir con miedo a morir. Soy libre por todo lo que has hecho, Señor. Cada cosa legal que era necesaria para mi futuro eterno, Señor, Tú la has provisto. Recibo esta seguridad y confianza en mi espíritu. Muchas gracias por esto, en el nombre de Jesús, amén.

Capítulo **16**

LA RESURRECCIÓN DEL POSTRER DÍA

Como resultado de todo lo que Jesús ha hecho legalmente por nosotros a través de su sacrificio, sabemos que habrá una resurrección para todos los santos. Se nos dice y se nos asegura que los que pertenecen a Jesús serán resucitados de la tumba con nuevos cuerpos que harán la transición a la siguiente era. Aunque los que actualmente mueren están con el Señor en su muerte, habrá la reunión con sus cuerpos glorificados desde la tumba. En primer lugar, como hemos visto en 2 Corintios 5.8, cuando dejamos nuestros cuerpos, vamos a la presencia del Señor.

> *Pero confiamos, y más quisiéramos estar ausentes del cuerpo, y presentes al Señor.*

En el momento en que morimos y dejamos estos cuerpos naturales, somos transportados a la presencia del Señor mismo. Para todos los que lo conocen y están en unión con

Él, esto es cierto. Sin embargo, nuestros cuerpos naturales quedan en la tumba. Esta es la gloria de la resurrección del postrer día. En ese día habrá una reunión de nuestro espíritu, alma y cuerpo. 1 Tesalonicenses 4.13–18 nos habla de este maravilloso día. Cuando nos damos cuenta de que Jesús ha proporcionado todo lo que legalmente necesitamos para que esto ocurra, qué esperanza y confianza trae.

> *Tampoco queremos, hermanos, que ignoréis acerca de los que duermen, para que no os entristezcáis como los otros que no tienen esperanza. Porque si creemos que Jesús murió y resucitó, así también traerá Dios con Jesús a los que durmieron en él.*
>
> *Por lo cual os decimos esto en palabra del Señor: que nosotros que vivimos, que habremos quedado hasta la venida del Señor, no precederemos a los que durmieron. Porque el Señor mismo con voz de mando, con voz de arcángel, y con trompeta de Dios, descenderá del cielo; y los muertos en Cristo resucitarán primero. Luego nosotros los que vivimos, los que hayamos quedado, seremos arrebatados juntamente con ellos en las nubes para recibir al Señor en el aire, y así estaremos siempre con el Señor. Por tanto, alentaos los unos a los otros con estas palabras.*

Observa que Jesús va a traer con Él, en su regreso a la tierra, a los que ya han muerto. Sus cuerpos muertos saldrán de las tumbas y serán renovados y convertidos en sobrenaturales para la próxima era. Se reunirán con sus espíritus y almas. Cualquiera de nosotros que aún esté vivo será arrebatado con ellos. Habrá esta maravillosa reunión de los que ya han muerto con los que todavía están vivos. Filipenses 3.20–21 nos muestra que el cuerpo que tenemos actualmente será hecho glorioso en esta resurrección y reunión.

> *Mas nuestra ciudadanía está en los cielos, de donde también esperamos al Salvador, al Señor Jesucristo; el cual transformará el cuerpo de la humillación nuestra, para que sea semejante al cuerpo de la gloria suya, por el poder con el cual puede también sujetar a sí mismo todas las cosas.*

Por el poder de quien es y todo lo que ha hecho, seremos resucitados a esta novedad de vida, donde cada aspecto de nosotros será cambiado. Nuestro espíritu, alma y cuerpo se volverán gloriosos como Él. Nuestros cuerpos resucitados serán como el de Jesús después de Su resurrección. Era capaz de atravesar paredes y aparecer y desaparecer ante los demás. Necesitaremos estos nuevos cuerpos porque la carne y la sangre no pueden heredar la próxima era. 1 Corintios 15.50–58 nos habla de este impresionante y glorioso día.

Pero esto digo, hermanos: que la carne y la sangre no pueden heredar el reino de Dios, ni la corrupción hereda la incorrupción. He aquí, os digo un misterio: No todos dormiremos; pero todos seremos transformados, en un momento, en un abrir y cerrar de ojos, a la final trompeta; porque se tocará la trompeta, y los muertos serán resucitados incorruptibles, y nosotros seremos transformados. Porque es necesario que esto corruptible se vista de incorrupción, y esto mortal se vista de inmortalidad. Y cuando esto corruptible se haya vestido de incorrupción, y esto mortal se haya vestido de inmortalidad, entonces se cumplirá la palabra que está escrita: «Sorbida es la muerte en victoria».

«¿Dónde está, oh muerte, tu aguijón?

¿Dónde, oh sepulcro, tu victoria?»

ya que el aguijón de la muerte es el pecado, y el poder del pecado, la ley. Mas gracias sean dadas a Dios, que nos da la victoria por medio de nuestro Señor Jesucristo.

Así que, hermanos míos amados, estad firmes y constantes, creciendo en la obra del Señor siempre, sabiendo que vuestro trabajo en el Señor no es en vano.

En la próxima era, necesitaremos cuerpos que puedan vivir tanto en la atmósfera terrestre como en la celestial.

Este es el tipo de cuerpo que tiene Jesús. Todavía tiene las marcas de Su humanidad y sufrimiento. Lo sabemos porque se los mostró a Tomás. Sin embargo, Él es capaz de hacer la transición entre el cielo y la tierra. Esta es la gloria del nuevo cuerpo que tendremos. Por eso, se nos dice que la carne y la sangre, o estos cuerpos naturales en su estado actual, no pueden heredar el reino de Dios. Los nuevos cuerpos que recibiremos en la resurrección nos permitirán vivir en el reino terrenal pero también en el celestial. Qué verdad tan asombrosa. Todo esto es el resultado de la obra legal de Jesús que ha redimido todas las cosas para Sí mismo. La muerte ya no tendrá autoridad ni poder sobre nada. Se lo tragará la vida.

> Señor, te agradezco por todo lo que hiciste legalmente en la cruz para redimirme completamente para Ti. Gracias porque soy redimido en mi espíritu, mi alma y mi cuerpo. Tu trabajo es completo y perfecto. Incluso mi cuerpo será redimido en la resurrección del postrer día. Incluso ahora, recibo de este poder de resurrección en mi cuerpo si necesito sanación. Sin embargo, mi curación definitiva se producirá en aquel día en que se complete la reunión de toda Tu creación. Muchísimas gracias. Que conste ante Tus Tribunales que creo, confío y anhelo ese día. En el nombre de Jesús, amén.

Necesitamos entender cuán poderosa fue y es la obra de Jesús en su sacrificio. No solo seremos redimidos, sino que incluso la propia creación será completamente redimida. Habrá un nuevo cielo y una nueva tierra. Romanos 8.18–23 nos hace saber que la tierra y toda la creación serán liberadas de la esclavitud impuesta por la caída de Adán. En la resurrección de los muertos la esclavitud es quitada de encima y se establecen el cielo y la tierra nuevos.

> *Pues tengo por cierto que las aflicciones del tiempo presente no son comparables con la gloria venidera que en nosotros ha de manifestarse. Porque el anhelo ardiente de la creación es el aguardar la manifestación de los hijos de Dios. Porque la creación fue sujetada a vanidad, no por su propia voluntad, sino por causa del que la sujetó en esperanza; porque también la creación misma será libertada de la esclavitud de corrupción, a la libertad gloriosa de los hijos de Dios. Porque sabemos que toda la creación gime a una, y a una está con dolores de parto hasta ahora; y no sólo ella, sino que también nosotros mismos, que tenemos las primicias del Espíritu, nosotros también gemimos dentro de nosotros mismos, esperando la adopción, la redención de nuestro cuerpo.*

La *revelación de los hijos de Dios* es una referencia a la resurrección de los santos. Cuando los muertos en Cristo resucitan y los que quedamos somos transformados en nuestros cuerpos, toda la creación es liberada. En este momento, toda la creación de Dios será plena y completamente redimida. Notemos que esto está relacionado con la resurrección de los santos, como hijos revelados de Dios. Hasta este momento, la tierra está gimiendo y pariendo con dolores de parto. Sin embargo, fíjate en que también nosotros, como hijos de Dios, estamos gimiendo. Ya hemos hablado de esto antes. Nuestro gemido mezclado con el gemido de la tierra y de la creación da lugar a la venida del Señor. Su regreso desencadena la resurrección de los muertos y la liberación de la tierra de su condición. Todo es traído a la novedad. Esto es resultado de la obra legal de Jesús en la cruz. Su obra por nosotros y su creación fue tan completa que no solo seremos redimidos en espíritu, alma y cuerpo, sino que la tierra también lo será. 2 Pedro 3.11–13 nos da la promesa del nuevo cielo y la nueva tierra. La vieja tierra se desvanecerá en un fervor de calor. El nuevo cielo y la nueva tierra serán elaborados.

> *Puesto que todas estas cosas han de ser deshechas, ¡cómo no debéis vosotros andar en santa y piadosa manera de vivir, esperando y apresurándoos para la venida del día de Dios, en el cual los cielos, encendiéndose, serán deshechos, y los elementos, siendo quemados, se fundirán! Pero nosotros esperamos, según sus promesas, cielos nuevos y tierra nueva, en los cuales mora la justicia.*

Se nos desafía a ser un pueblo santo a la luz de lo que se promete. Este versículo dice que *apresuramos* la llegada del día de Dios. En otras palabras, a través de nuestro estilo de vida santo y los gemidos de intercesión, adelantamos los acontecimientos de la historia. Cuando se produce la resurrección, el nuevo cielo y la nueva tierra se establecen. Esto es lo que vio el apóstol Juan en Apocalipsis 21.1. Este nuevo cielo y esta nueva tierra son el resultado de la liberación de la creación de su esclavitud.

> *Vi un cielo nuevo y una tierra nueva; porque el primer cielo y la primera tierra pasaron, y el mar ya no existía más.*

Desde mi punto de vista, cuando juntamos las diferentes escrituras, vemos que la *teología del rapto* que se ha creído con gran prevalencia se pone en duda. Si en la resurrección de los santos, la tierra y la creación son liberadas de su esclavitud, esto solo permitiría *una venida del Señor*. No puede haber un rapto secreto en el que los muertos resuciten y los santos sean escamoteados. Significaría que hay una venida del Señor, cuando todos los ojos lo verán. Los santos que han muerto se reúnen con sus cuerpos ahora glorificados. Los que aún estén vivos en la tierra son arrebatados en el aire. 1 Tesalonicenses 4.15–18 nos da una idea.

> *Por lo cual os decimos esto en palabra del Señor: que nosotros que vivimos, que habremos quedado*

hasta la venida del Señor, no precederemos a los que durmieron. Porque el Señor mismo con voz de mando, con voz de arcángel, y con trompeta de Dios, descenderá del cielo; y los muertos en Cristo resucitarán primero. Luego nosotros los que vivimos, los que hayamos quedado, seremos arrebatados juntamente con ellos en las nubes para recibir al Señor en el aire, y así estaremos siempre con el Señor. Por tanto, alentaos los unos a los otros con estas palabras.

Pablo dice que, por la revelación profética a través de la palabra del Señor, comprendió estos sucesos. El Señor descenderá con voz de mando. Los muertos en Cristo resucitarán primero. Los que queden también serán, entonces, arrebatados en el aire por encima de la tierra. Sabemos por escrituras anteriores que esto libera a la tierra de su esclavitud. Cuando seamos arrebatados en el aire para encontrarnos con el Señor, bajo nuestros pies la tierra se transformará en su novedad, así como los cielos. Entonces volveremos a la tierra y gobernaremos y reinaremos con Él para siempre. La tierra es el dominio del hombre. Dios se lo dio. La resurrección de los muertos en el día postrero de esta era nos impulsará a la siguiente. Estaremos para siempre con el Señor mientras gobernamos y reinamos con Él siempre.

Que nos reconforten estas palabras y que tengamos siempre esperanza y alegría por nuestro Dios que resucita las cosas muertas. La obra legal de Jesús a través de su muerte, sepultura, resurrección y ascensión permite ver esto plenamente. Hemos estado ejecutando y colocando en su lugar la obra legal de Jesús. Lo que he descrito es la plenitud de esta ejecución de Su veredicto desde la cruz. Toda la creación será redimida por la actividad legal de Jesús y el poder de resurrección de quien es.

> Señor, mientras me presento ante Tus Tribunales, te doy las gracias por todo lo que has hecho legalmente a través de Tu sufrimiento y sacrificio. No solo tu obra legal es suficiente para redimirme a mí, sino también a toda tu creación. Que sea santo en toda mi conducta y que incluso gima con dolores de parto para ver ese día de resurrección y redención totalmente liberado. Que desciendas de los cielos para reclamar todo lo que es tuyo. Que el grito y la trompeta saquen a los muertos de la tumba. Señor, que los que aún estén vivos asciendan y sean arrebatados y transformados en la imagen de tu cuerpo glorioso. Te doy las gracias por esto. Te agradezco que tu obra legal de expiación lo asegure. Habrá una resurrección de la vida que desencadenará todas estas cosas. Gracias, maravilloso Señor, en el nombre de Jesús, amén.

SOBRE ROBERT HENDERSON

Robert Henderson es un líder apostólico global que opera en la revelación y la impartición. Sus enseñanzas capacitan al cuerpo de Cristo para ver claramente las verdades ocultas de las Escrituras y aplicarlas para obtener resultados triunfadores. Impulsado por el mandato de discipular a las naciones a través de la escritura y las charlas, Robert viaja extensamente por todo el mundo, enseñando sobre lo apostólico, el Reino de Dios, las «Siete Montañas» y, sobre todo, los Tribunales del Cielo. Ha estado casado con Mary 42 años. Tienen seis hijos y cinco nietos. Juntos disfrutan de la vida en la hermosa Waco, Texas.

www.ingramcontent.com/pod-product-compliance
Lightning Source LLC
LaVergne TN
LVHW051548070426
835507LV00021B/2476